達成の科学

確実にゴールへ導く
ステップ・バイ・ステップの
招待状

The Science of Achievement

マイケル・ボルダック 著
Michael Bolduc

吉田裕澄 訳
高野内謙伍 監訳

フォレスト出版

献　辞

長年にわたって私に影響を与えてくださっているすべてのコーチと良き指導者の方々に心より感謝申し上げます。

アル・レクレア、ジグ・ジグラー、ブライアン・トレーシー、ジャック・キャンフィールド、トニー・ロビンズ

この人生マニュアルは私の家族、友人、そしてゴール達成への道標を必要とする、すべての方々のためのものです。

素晴らしい人生を歩もうとしているすべての人のためにこの本を捧げます。自分の可能性を十分に発揮していない人生に甘んじることなく、なりうる最高の自分を目指すべきです。この本はあなたの理想の人生への招待状です。

素晴らしい人生とはいったい何なのでしょう？　精神的な充実、健康、愛に満ち溢れた家族、仕事での成功、何でも好きなことができる経済的自由、そして最後には精神的な悟りに達することを想像してみてください。それこそが、私があなたに願う人生です。

リリィ、ジョシュ、サミー、君たちこそ私の励みだ。君たちの究極のビジョンはここに描かれている。この本から原理原則を学ぶことで素晴らしい人生を歩むことができるだろう。

愛と尊敬を込めて
マイケル・ボルダック
起業家、著者、コーチ、そして父親

謝　辞

本書は、数多くの方々のご支援をいただきながらつくり上げられたものです。

自分では満足できない箇所を何度も書き直すプロセスに最後まで付き合ってくださったフォレスト出版の皆さまに対して、心からのお礼を申し上げたいと思います。

また、今までの「達成の科学」セミナーに参加してくださった皆さま、セミナーの開催を支えてくださったクルーの皆さまに対して、言葉では言い尽くせないほどの感謝を感じております。「達成の科学」の概念や表現方法を磨き上げるチャンスを与えてくださっただけでなく、あなたたちの成長、貢献の姿勢、生き方を見て、私は「達成の科学」の本当の意味を学んだのだと思います。

そして、私のクライアントの皆さまに、心よりの感謝を捧げたいと思います。皆さまは私にとって力の源であり、皆さまの成功と幸せを共有させていただいたことをありがたく思っています。皆さまからの信頼に日々励まされています。

最後にこのプロジェクトに対して限りない情熱とエネルギーを注ぎ、日本語の細かな表現にまでこだわって私のメッセージをわかりやすく伝えようと力を尽くしてくれた、友人でありビジネスパートナーのヒロ、謙伍、本当にありがとう！

マイケル・ボルダック

訳者・監訳者まえがき

「今までの私のキャリアの集大成となる本を書きたい」

今、あなたが手に取ってくれているこの本こそ、世界ナンバー１目標達成コーチと称されるマイケル・ボルダックの成功スキルの集大成ともいえる本です。

＊

２０１１年3月11日、あの東日本大震災が起きたその瞬間、マイケル・ボルダックは東京で「達成の科学」セミナーを行っていました。

震災が起こったそのときには、これがどれほどの甚大《じんだい》な被害をもたらす出来事なのかを理解していませんでした。しかし、参加者の安全上の理由からセミナーは途中で終了、ホテルに戻ってテレビから繰り返し流される津波の映像を見て、マイケルは言葉を失ったのです……。

「何か私にできることはないだろうか？」

そう自問を繰り返した結果、やはり自分自身とたくさんのクライアントを幸せへと導いてきた成功スキルを、より広めていくことが自身に課せられた仕事であるという結論に至ります。

マイケルにとって日本は子どものころから憧れていた特別な国でした（マイケルは子どものころから忍者が大好きなのです。吃音症《きつおん》を抱え、友達もできずケンカに明け暮れていた少年時代のマイケルの心の拠《よ》り所は忍者だったのです）。そこで、こうして多くの参加者とともにセミナーができていることに運命を感じ、さらに「これからも自分には日本人のためにできることがあるはずだ」と思うと喜びと感謝がこみ上げてきたと言います。

「確かに今、日本は大変な状況にある。この出来事に対して、１００人いれば１００通りの意味付けが存在するだろう。しかし、私が伝えてきた『どんな出来事にも力を与える意味付けをすることができる』という信念が、今こそ必要とされているのではないだろうか」

マイケルの幼少期の凄絶《せいぜつ》な体験はマイケル自身だけではなく、ほかの誰からも決して良い出来事として捉《とら》えられることはありませんでした。しかし、現在はあの出来事があったからこそ、今の自分の存在があるんだと心から信じることができるとマイケルは言います。

「あの出来事があったからこそ、若いころから人間の思考、感情、行動に興味・関心を抱き、成功に関する研究に取り組み、今の成功と幸せを手にすることができた。最悪からのスタートと言っても過言ではない私にできたのであれば、このスキルを伝えることで助かる人がたくさんいるのではないだろうか」

そして、マイケルは私たちに言いました。

「今までの私のキャリアの集大成となる本を書きたい」

構想に1年、執筆に1年半。最終的に、完成までに実に3年半の月日を費やしました。マイケルから渡された原稿を翻訳すると800ページを超える超大作となっていました。しかし、800ページを超える書籍を持ち運び、何度も読み返してもらうことは難しいと考え、今回の書籍化にあたっては、エッセンスを抽出し、できる限り簡潔にまとめさせていただきました。

メモを取ったり、考えを書き留めたり、時には深く熟考し、自分を振り返ってみたり、ぜひ本書がボロボロになるまで取り組んでみてください。繰り返し本書に取り組み、実践することによって、さらなる深い気づきやより質の高い行動、そして望む成果を手にすることができるでしょう。

マイケル・ボルダックの20年以上にわたる成功に関する研究と実践をもとに体系化された「達成の科学」は、人が幸せに生きていくうえで必要な原理原則（原因と結果の法則）

に基づいています。

マイケルは本書でこう記しています。

「成功法則が『科学的』と呼ばれるためには、ほかの多くの人にも再現することができなければなりません。そして、『法則』と呼ばれるためには、誰にでも理解できるほど具体的である必要があります。もし、ほかの人が同じ結果を生み出せなければ、それは公式や理論がまだ『科学的』ではないことを意味しています」

結果が生まれるには必ずその原因となる力が働きます。ニュートンの万有引力の法則に逆らおうとしても決して逆らうことができないように、この世の中には変えることのできない普遍の法則が存在しているのです。

マイケルは今回の書籍を「究極の成功法則」と捉えています。人間関係、感情のコントロール、健康、キャリア、収入面、精神性（スピリチュアル）などなど、人生において成功したい対象がなんであれ、この法則を活用することができます。

7歳のときに、実の父親が母親を殺害するという衝撃的な事件を経験し、そのときのショックから重度の吃音症と極度の対人恐怖症になり、さらに16歳のときには養父母の家からも追い出され、高校も卒業することができず、金なし、コネなし、家族からのサポートなし、という何もない状態から、成功するために活用したのがこの「究極の成功法則」です。

今では世界的なセールス、ビジネスコンサルティングの権威であり、最も著名なスピーカーの1人でもあるブライアン・トレーシーから「世界ナンバー1目標達成コーチだ」と認められているように、自身の成功だけでなく、個人コーチングやセミナー、執筆活動を通して世界中のクライアントに成功と幸せを生み出しつづけている「原因と結果の法則」なのです。

現在のような変革の時代において、変化に対応する柔軟性、普遍の意識を持って生きられるようになることを教えてくれるのがマイケル・ボルダックです。

自らの成功体験、失敗体験から来る生きた知恵。さらに2000人を超す1対1の個人コーチングから得た人間の行動パターン。さらに成功者をモデリングするというマイケルのコアスキルから磨き上げられた先賢の知恵。それらすべてがここに集約されています。

本書ではプロローグを含めて8つの章から成り立っています。

プロローグでは、一時は路上生活を強いられるほど極めて困難な状況にあったマイケルが、どのようにして障害を乗り越え、成功と幸せを実現したのか、初公開となるものも含めたパーソナルストーリーが語られています。彼ははじめから特別な成功者なのではありません。「達成の科学」によって成功と幸せを実現したのです。

第1章では、人の行動、習慣のもとであり、モチベーションの源泉でもある痛みと快楽の法則が説明されています。今まで自分がとることができた行動、とることができなかった行動、それはなぜなのか、その理由を理解することができるでしょう。

第2章では、モチベーションのメカニズムとモチベーションを生み出す戦略について説明されています。最高のモチベーションを生み出す方法は10人いれば10通り。ここではあなただけのモチベーション戦略を見つける方法が紹介されています。

第3章では、気がつかないうちに自分にブレーキをかけ、可能性を閉じてしまう無意識の領域にあるプログラムについて説明しています。このプログラムが知らないうちに自分の人生にどのような影響をもたらしてきたのかも理解することができるでしょう。

第4章では、変化の法則が紹介されています。ここで紹介されているのは、いつか変わるための概念ではなく、今すぐに変わるための具体的なスキルです。ここに書かれた7つのステップを順番に取り組むことで急激な変化を実現することができます。

第5章では、成功を実現するための効果的なプランニングのスキルがステップ・バイ・

ステップで紹介されています。成功を願うだけでなく、実際に実現するためにはプランニングのスキルが必要です。成功を得るために何をする必要があるのかを知らなければなりません。

第6章では、大きな成功を収めた人たちを研究した結果導き出した、成功するための7つの規律が紹介されています。規律の重要性とともに、一貫して行動を続けるヒントが得られます。成功は、たまにやることではなく、一貫した行動によってもたらされるのです。

第7章では、障害にどのように対処していけばいいのかが説明されています。行動したとしても望んだ結果が得られないと思ったとき、やめるべきかリスクを冒してでも挑戦するべきか、そのヒントを見つけることができます。マイケルの友人や先賢の知恵から導いたシンプルな思考をマスターしてください。

本書は「より良い世界を作る」というマイケルのミッションでもあります。

彼は1人でも多くの人を助けることができれば、この世の中はより良い世の中になると信じ、すべての人を温かく受け止め、成功と幸せをもたらすためにつねに研究に研究を重ねているのです。

過去において表現することのできなかった究極の成功法則、新しい公式の開発、そして磨き上げられたスキル……。

マイケル自身が「今までの私のキャリアの集大成」という本書を出版することができることは、私たちにとってこれ以上ないというほどにうれしいことです。本書が、手に取ってくださった読者の目標とする成功、幸福の実現に大きな影響を与えることになることは疑う余地がありません。

２０１４年12月

訳　者　吉田裕澄
監訳者　高野内謙伍

CONTENTS

達成の科学

訳者・監訳者まえがき　3

Prologue
「達成の科学」とは何か?　15

私のようにリソースのない人間が、障害を乗り越え、短期間で成功と幸せを達成するためにいったい何を考え、何をしたのか、知りたくないですか?

これからその質問に対してできる限りの最高の答えをお伝えしていきます。

Chapter 1
「できない」のは痛みと快楽を理解していないから　37

もし痛みを受ける行動であれば、その行動を取ることと悪い感情を結びつけるようになります。

良い習慣をつくる秘訣は、痛みの代わりにゴールに向かう行動をすることに、たくさんの快楽を結びつけることです。

Chapter 2
最高のモチベーションの生み出し方 —— 63

私たちは思考のすべてを自分でコントロールすることは不可能です。思考の40％は無意識の習慣であり、さらにそうした事実に気づいてもいないからです。したがって重要なのは、ほかの思考を塗りつぶすくらいの勢いで、多くの成功をもたらす1つの思考を何度も繰り返すことです。

Chapter 3
無意識の障害「リミティング・ビリーフ」を壊す —— 101

無意識の奥底で、私はすでに自分には知的さが足りないと信じるようになっていたのです。リミティング・ビリーフとは、このように自分の可能性を自ら閉じてしまうような信念、思い込みのことを言います。

Chapter 4
生き方に急激な変化を起こす行動 —— 133

変化は物事が何を意味しているのかを理解し、それに対してどう行動するのか揺るぎない決断をした瞬間に起こります。

Chapter 5
夢を現実化させるプランニングの技術
成功を収めるためには、効果的な戦略が必要になります。成功とは、何が効果的で、何が効果的でないか、その知識の上に成り立つのです。
167

Chapter 6
自動的に行動を生み出す7つの規律
一貫した行動を取ると特定の結果を得る方向につねに導かれます。その特定の方向はゴールに向かっているのか、あるいはゴールから遠ざけられているのか、どちらかです。
189

Chapter 7
どんな障害にも打ち勝つ
努力が必ずしも成功をもたらすとは限りません。しかし、それは本当に失敗なのでしょうか？
229

装　幀■重原 隆
ＤＴＰ■白石知美（株式会社システムタンク）
本文フォーマットデザイン■フォレスト出版編集部

Prologue

「達成の科学」とは何か？

私のようにリソースのない人間が、障害を乗り越え、短期間で成功と幸せを達成するためにいったい何を考え、何をしたのか、知りたくないですか？
これからその質問に対してできる限りの最高の答えをお伝えしていきます。

最も強い者が生き残るのではなく、
最も賢い者が生き延びるでもない。
唯一生き残るのは、変化できる者である。
——チャールズ・ダーウィン

社会の上位20％の人々が89％の富を所有し、たったの11％の富を下位80％の人々が所有している

私たちはみんな幸せになりたいと願っています。

仕事で成功を収め、活力に満ち、健康を手にし、充実した人間関係を築き、経済的にも成功を得る、素晴らしい人生を歩みたいと願っているのではないでしょうか？

しかし、私たちは根本的に何かを間違ってしまっています。

それは何なのでしょう？

調査の結果、社会の上位20％の人々が89％の富を所有し、残りのたったの11％の富を下位80％の人々が所有しているというデータが導き出されています。

素晴らしい人生を望む気持ちをよそに、多くの人が「どうやったら生き残れるのか？」とビクビクしながら生きているのです。そして請求書の支払いで頭がいっぱいか、いつも「お金が足りない」と心配しているのです。「CashNetUSA」の統計によると、5世帯中2世帯がその日暮らしをしているということです。

しかし世界には、ただ生き延びることのみにフォーカスする人生に抗《あらが》い、自分の人生を

変えて成功を手に入れるために、自己啓発トレーニングに取り組む多くの人々がいます。

アメリカでは2008年に自己啓発トレーニングに110億ドルが費やされました。それはどれほどの効果を生み出しているのでしょう?

世界中の何百万人もの人々が自己啓発トレーニングによって人生が変わったと言っています。自己啓発書、セミナーやコーチングは確かに効果があり、こうしたプログラムを利用して大成功した人もいます。

しかし、すべての人が際立った成功を収められるわけではありません。素晴らしい結果を手にする人もいれば、ほとんど何も手にしない人もいます。

自己啓発トレーニングの商品やセミナーを購入して希望を高く持つ人もいれば、少なからず失望している人もいます。そんな彼らは、「ほかの人は大きな結果を得ることができても、自分には人生を根本的に変えることができない」と考えるのです。

セルフコーチングのマニュアルとして、この本を活用することを望んでいる

あなたにとって成功へのトレーニングがはじめてであろうと、すでに経験を積んでいくつもの功績を残したベテランであろうと、この本はあなたのために書かれたものです。

そして、あなたがこうしてこの本を手にし、読んでくださっているということは、私たちには共通点があるということです。素晴らしい人生、究極のビジョンに向かって前進したいという思いを共有しているのです。

少なくともあなたは本書を手にとってくださったわけですから、実際に成功に向けて思いを行動に移せる人だと証明してくれました。そんなあなたを私は心から尊敬しますし、あなたが知的な人だと信じています。そしてあなたが今までに想像もしたことがないほど早くゴールに到達するためのセルフコーチングのマニュアルとして、この本を活用することを望んでいます。私は、自分の秘めた可能性以下に甘んじることを許さないあなたに手を差し伸べたいのです。

あなたはこれまでに「わざわざ1からやるのではなく、すでに実績のある手本を見つけて、それを真似ればいい」というアイデアを聞いたことはあるでしょうか？

もちろん、1人で試行錯誤しながら成功を手に入れることもできますが、より早く簡単な方法は世界で最も成功を収めている人の実績のある方法に従うことです。

これこそが私のお伝えしている「達成の科学」と、世に出回っている何千もの自己啓発書との違いです。達成の科学は、1000人以上のゴールを達成した人の実績と、彼らをコーチングした私の経験に基づいて体系化した成功法則です。本書ではただ単に原理原則、情報、テクニックをお伝えするだけではなく、ステップ・バイ・ステップで丁寧にあなたをゴールへと導いていきます。また、どのように私のクライアントが成功法則を使って人生とビジネスにおいて急成長を遂げたのか、その実例をお見せしていきますので、生きた知恵として参考にしていただけることも多いでしょう。

思考は原因であり、生み出された状況は思考からもたらされた結果である

さて、私は昔からコーチとして成功していたわけではありません。お金も仕事もなく、高校を中退し、人生においてチャンスすら感じられない時期もありました。

しかし私は、あなたがこれから本書の中で出会うであろう成功法則を使って、２００４年〜２００８年の間のたった3年半で一文なしから億万長者になることができたのです。

『絶対に成功を呼ぶ25の法則』『こころのチキンスープ』などの著作で知られるベストセラー作家のジャック・キャンフィールドとのコーチングセッションでは、「私が高校を卒業しなかったことがサクセスコーチとしての信用性に影響を及ぼすと思いますか？」と尋ねました。この問いに対する彼の答えは、私の考え方を大きく変えるとても洞察力の鋭い

ものでした。

「トラウマがあり、高校中退という経歴を持った君が今の成功のレベルに到達したということは、成功の原理原則と高等教育とは何の関係もないことを証明しているんだ」

人生で成功を収めるために大学の学位を取得することは絶対的な条件ではなく、ゴールを達成するためには普遍の原理原則が必要だということを、彼は私の人生を見て明確にしてくれたのです。

では、その普遍の原理原則とは何か？

人生とは自分の一貫した思考の現れであり、あなたの考えている通りに、あなたの現実が生まれるということです。プラスもしくはマイナスの考えに集中することで、それに応じたプラスかマイナスの結果を引き出すことになるのです。

この本の一貫した主張は、思考は原因であり、生み出された状況は思考からもたらされた結果であるという原理原則に基づいています（図1）。

図1

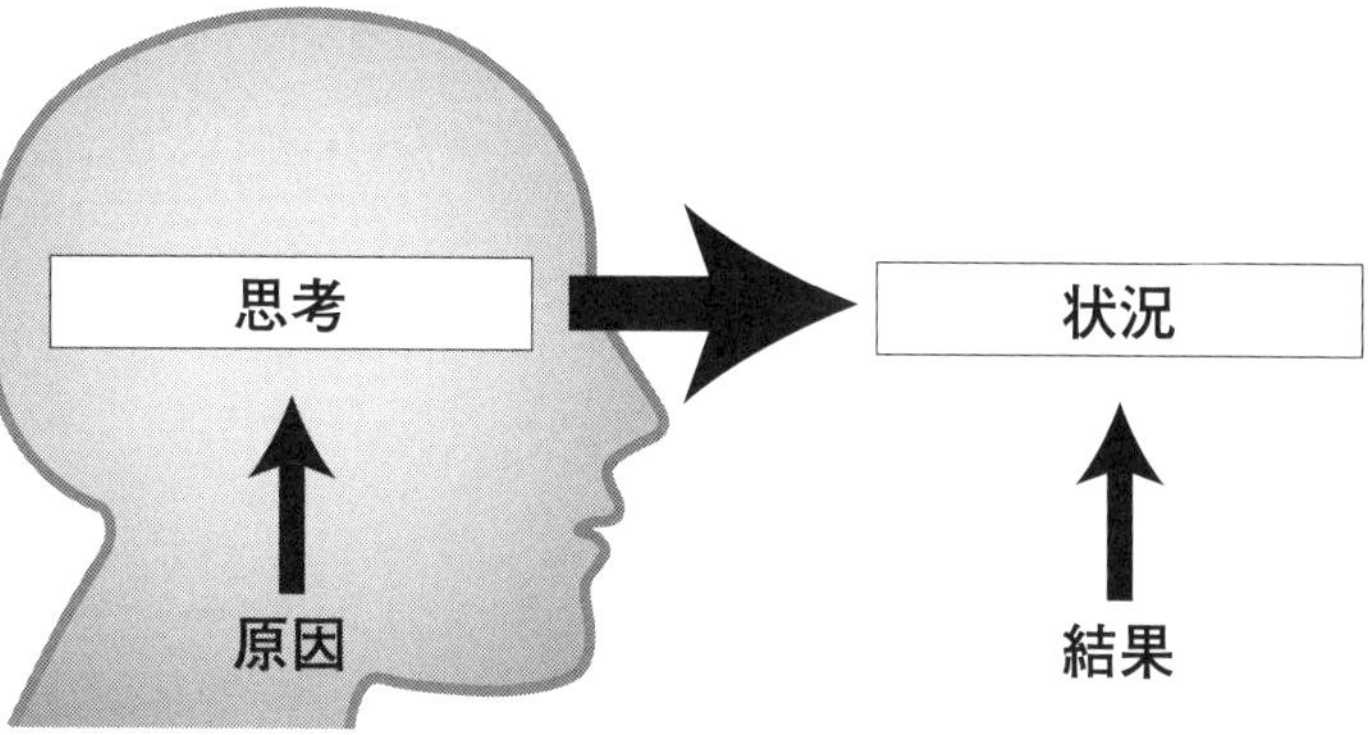

あなたの思考こそが健康、人間関係、仕事の成功、そして財政状況をつくり出す原因となるのです。

リソースのない人が、障害を乗り越え、短期間で成功と幸せを達成するためにいったい何を考え、何をしたのか?

では、人は目標を達成できなかったとき、どのように思考を巡らせているのでしょうか?

人は失敗したとき、外部要因に責任を転嫁《てんか》する傾向があります。十分なリソース（資源）がない、お金がない、時間がない、助けてくれる人がいない、などなど……。先ほどお伝えした原理原則に従えば、そのような思考では決してうまくはいきません。

では、どうすればいいのでしょう?

何のリソースもない人が、いったいどうやって短期間で億万長者になることができるのでしょう?

高い知力、才能、遺伝的才能、または恵まれた家庭環境など、生まれながらに有利な立場にある人も確かにいます。一方で、無一文であったにもかかわらず、障害をものともせずトップまで上り詰めた人のことも考えてみてください。

良い例がこの私です。のちほど詳細はお伝えしますが、私は家族からの援助はなく、まともな教育も受けていません。特別な才能の持ち主でもなく、路上生活をするほど落ちぶれていました。

さらに、信じられないかもしれませんが、私が7歳のとき、実の父親が母親を殺しました。私は孤児となり、事件がトラウマとなって吃音症を抱えてしまったまま青年期を過ごしたのでした。

それでも私は路上での生活から8年で、自己啓発業界で世界的権威と称されるブライアン・トレーシーに「世界ナンバー1目標達成コーチ」と言われるまでになりました。ブライアン・トレーシーは私にとって英雄の1人です。だからこそ、彼のこの言葉は私にとって、そして私を信じてくれる人たちにとってとても大きな意味のあるものでした。

今から8年後、あなたのまわりにいる人たちは、あなたについて何と言っているでしょう？　私は今の成功を家族や環境からのサポートなしで成し遂げました。私にできるのであればあなたにもできます。

私は今では海のそばで5つのゲストルームがある大邸宅に温かい家族とともに暮らしています。また、自分が経験した成功を味わってもらうために人を助けるという人生において最も情熱を持てる素晴らしい仕事をする、とても幸せな人生を手に入れました。

私のようにリソースのない人間が、障害を乗り越え、短期間で成功と幸せを達成するためにいったい何を考え、何をしたのか、知りたくないですか？
これからその質問に対してできる限りの最高の答えをお伝えしていきます。

これから学ぶ成功法則は、短期間で成功を成し遂げた1000人を超える人たちに活用されたもの

「あなたにとって成功とは何か？」

成功の定義はさまざまです。だから私はコーチングを行うときに、この質問を最初にします。

多くの人は手にしたお金の量で成功を定義付けています。否定するつもりはありませんが、裕福になったにもかかわらず、それでも不幸だという人が大勢いるのも事実ではないでしょうか。実際、裕福な人の中には、いつも不機嫌な人もいます。

もしあなたが裕福でも、多くの時間ネガティブな感情を抱いているのであれば、それは部分的な成功だと言わざるをえないでしょう。

人生において究極の勝者とは、成功と幸せの両方を手にすることです。あなたが心からワクワクする価値あるゴールを達成することによって、幸せな人生を生きることができるのです。

「私もできたのだから、あなたにもできる」というのは成功者の常套句《じょうとうく》ですが（私も先ほど使いましたが）、私もこの言葉を使っているのは再現性に自信を持っているからです。その裏付けとなっているのが、研究を経て得た確信と、私のクライアントの実績です。

私は今まで自己啓発に関する本を２０００冊以上読んできました。その中でクライアントに薦める本当に素晴らしい本はたったの１００冊ほどしかありません。１９００冊のうちの多くの本は一般論ばかりで、さらに酷いことに何冊かには間違った情報や読者をいたずらに惑わすだけのものもあったのです。私は多くの時間を割いて間違った情報を排除していきました。

成功法則が「科学的」と呼ばれるためには、ほかの多くの人にも再現することができなければなりません。

そして、「法則」と呼ばれるためには、誰にでも理解できるほど具体的である必要があります。もし、ほかの人が同じ結果を生み出せなければ、それは公式や理論がまだ「科学的」ではないことを意味しています。

これから学ぶ成功法則は、短期間で成功を遂げた１０００人を超える人たちに活用されたものです。８桁《けた》の収入を稼ぐ人、億万長者になった人、理想のパートナーを見つけた人、理想の体型を手に入れた人、うつを克服して幸せな生活を送っている人、などなど……。

「達成の科学」の法則を使って得られた結果はさまざまです。より大きな望みを持っている人は、この法則を使ってさらに大きなゴールを達成します。つまり、これはゴール達成のためだけの成功法則ではなく、自身の想像をはるかに超えるための科学的成功法則なのです。

この本では次の分野での達成をサポートします。

◎感情のコントロール　◎健康面
◎人間関係　◎キャリア＆ビジネス
◎財政（収入）面　◎時間管理
◎スピリチュアル

誰でもこの本を使って人生で成功することができます。
この本に記している成功の科学的法則を再現するために特別な資質は必要ありません。年齢、学歴、家系、性別、国籍に関係なく、誰もがこの本を使って人生の質を変えることができるのです。

ナポレオン・ヒルは、「願望とはすべての富のはじまりである」と言った

成功のための唯一の必須条件とは何でしょう？

答えは「願望」です。

成功哲学の祖と言われるナポレオン・ヒルは、「願望とはすべての富のはじまりである」と言いました。

私たちは痛みを避け、快楽へ向かうことを強く願っています。この本で学んだことを生かすためには、痛み、もしくは快楽を使って動機付けをする必要があります。スラム街から這《は》い上がり、トップまで上り詰めた人たちの1つの共通点は、みなそうやって強い願望を持ったということです。

痛みを動機とするのも良いですし、自分が本当に手に入れたい魅力的な未来や強力な磁石のように自分を引き寄せる快楽を動機にすることもできます。願望は達成の科学を使うための必須条件です。

私がどのようにして必須条件である成功への渇望を見つけ出したかお話ししましょう。

成功するためのスキルは学ぶことができるスキル

あるとき、ベッドで心地よく横になっていると突然「バンッ」という銃声のような音が聞こえました。

私は兄と姉と手をつなぎ、注意しながらゆっくりと階段を降りていきました。

最後の一段を降りたそのとき、そこにあったのは、顔を枕に覆われた母の遺体でした。

その後、すぐに私たち兄弟は隣の家へ連れて行かれました。

次の日、祖母が私をキッチンに呼び、涙目になりながらはっきりと私に言いました。

「あなたのお母さんは亡くなったの。お父さんは刑務所にいるの」

私は孤児となったのです。私は母の親戚《しんせき》の家を転々とたらい回しにされました。

この衝撃的な出来事の結果、私はトラウマを抱え、酷い吃音障害となり、その障害が私の青春時代に大きな影を落としたのです。

行く当てもなく、私は叔父に引き取られることになります。が、数年後、私が16歳になったときには、その叔父の家からも追い出されました。

16歳の吃音症の少年が唯一得られる仕事は、最低賃金のゴルフ場の芝刈りくらいでした。

芝刈りの仕事は人と話す必要がなかったのです。芝刈りの仕事に夢や将来性を見ることはできませんでしたが、だからといってこの仕事から抜け出すこともできませんでした。というのも、裕福な人はみんな恵まれた家系の出身か、持って生まれた知性、または特別な才能を持っているものだと信じ込んでいたのです。

私の人生でのターニングポイントは、１９９１年、当時の唯一の友人であるアル・レクレアがジグ・ジグラーのセミナーに誘ってくれたことでした。彼は「成功とは学べるスキルなんだ」と私に説明したのです。

自分は殺人者の息子でダメな人間だ、という強い思い込みを持っていた私にとって、彼の言葉はこんな私でも成功できるかもしれない、とはじめて思えた出来事であり衝撃的でした。

それはとても興味をそそられる内容でしたが、私はすぐに「自分に金銭的余裕はあるか？」と考えてしまいました。当時は貯金もなく、最低賃金で働いていたので生活はその日暮らし。しかし、人生を変えるためにはリスクを取る必要がありました。そして、その瞬間に私の人生を変える決断をしたのです。

唯一手元にあった資産であるエレキギター、テレビ、ビデオデッキを売りました。それらは養父母からのクリスマスプレゼントでした。

どうして私はそこまでしたのでしょう？　私は負け犬になりたくなかったのです。変化を起こさない限り、私は間違いなく高校中退者として貧しい生活を余儀なくされることだったでしょう。

何千人もの参加者とともに会場に座り、身なりの良いスピーカーの話に耳を傾けました。正直にお話しすると、セミナーの内容は当時の私にはほとんど理解することができませんでした。しかし、そのスピーカーはその後の私の人生を決定づける一言を言いました。

彼は情熱的な声でこう言ったのです。

「勝者とは生まれながらではなく、つくられるものだ」

私は「勝者はつくられるとはどういう意味だろう?」と自問しました。

今ではこの答えが明確にわかっています。成功するため、勝者になるために最も重要なスキルはゴールを設定して達成する能力です。「勝者はつくられる」とは、この成功するためのスキルは学ぶことができるスキルであるということを意味するのです。

吃音症を抱えた高校中退者が本当にできるのだろうか

私は「人生とは自分の一貫した思考の現れである」と述べました。

それでは思考とは何でしょうか?

思考とは、自分自身に対する質問です。質問するとあなたのフォーカスはコントロールされ、フォーカスするものが何であれ、それに向かって生きていくことになります（図２）。

１９９１年当時、私の月収はたったの８８０ドルでしたが、目標を月収１万ドルに設定する必要性を感じました。それはとても大きな差です。ですから正直なところ月収１万ドルの収入をゴールに設定したときは不可能に思えたのです。吃音症を抱えた高校中退者が本当にできるのだろうかと疑っていたのです。

しかし、私は「成功の秘訣《ひけつ》とは何か？」と自分自身に質問しました。そして、「人を成功に導く原因は何か？」について研究することに決めたのです。

その決断が、私のフォーカスと生きる方向を完全に変えました。突然、何を手に入れたいのかわかった気がしました。私という存在の全細胞をもって「これだ」とわかったのです。人を成功へと導く原因とは、「成功への願望」だったのです。一見当たり前に思える答えかもしれませんが、思考を巡り巡らせて出てきたあらゆる答えを最大公約した最もシンプルにして本質をついた結論でした。私が答えを出すのに夢中になって

図2

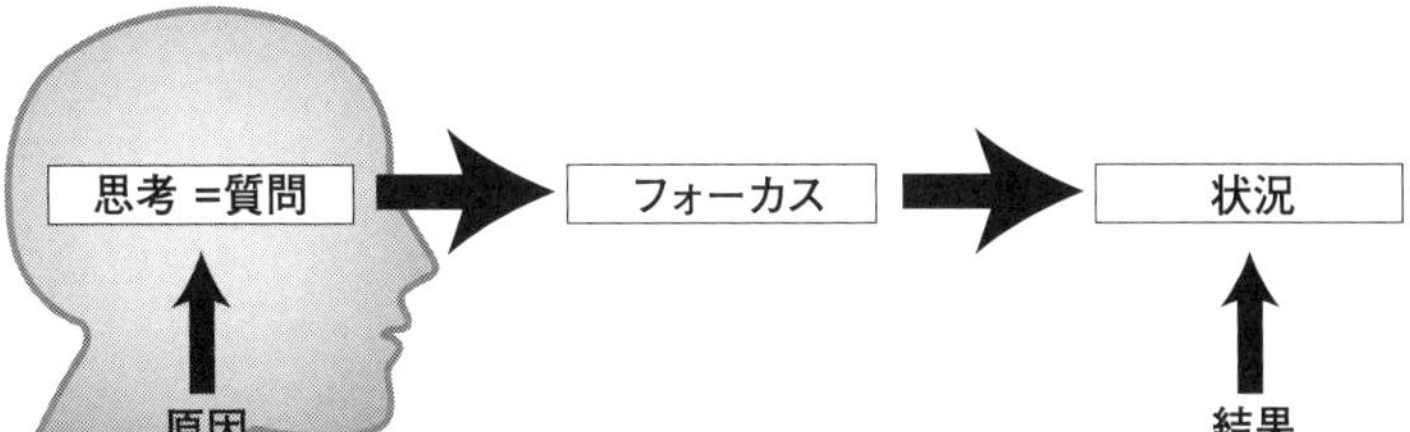

いた質問、「成功の秘訣とは何か？」から引き出されたのです。

その後、私は成功に関する本、通信教育プログラム、セミナーを通して可能な限りすべてを勉強し、１００冊以上の成功に関する本を読みました。

しかし、私は行き詰まりを感じていました。本当に混乱していました。これだけ勉強したにもかかわらず、状況は変わることなく相変わらず無一文だったからです。

１９９８年に最初にコーチングビジネスをはじめたとき、順調にお金を稼いでいたのですが、モチベーションを失って２００４年にはそれまでに築き上げたすべてを失いました。当時私の婚約者は、息子を産んだばかり。息子に苦労させるようなことは考えられませんでした。

素晴らしい父親になれないのではないかと恐れ、「お金をどう工面できるか？」と自問しつづけました。

私のような学歴のない男には人並みの生活をするためのチャンスなどなかったのです。私は本当に自分の息子の将来を心配していました。

結果として、私の収入は月収４０００ドルから２万４０００ドルに増えた

２００５年、「成功とは学ぶことのできるスキルである！」という見出しの新聞広告を目にしました。そう、このフレーズは私の人生のターニングポイントになった１９９１年のジグ・ジグラーのセミナーに私を誘ってくれた友人が語っていたことでした。運命的な巡り合わせを感じずにはいられませんでした。そして私は「これが最後のチャンスだ」と思い、手元にある唯一の金目のものだった金のネックレスを売り、この４日間のセミナーに参加しました。

「私の人生を変えるためにこの人は何を教えてくれるのだろう？」

「彼は世界的にも有名な成功の第一人者だ。人生を変えてしまう何かを教えてくれるに違いない」

と会場で考えていました。彼は身長2メートルと背が高く、インフォマーシャル（テレビ通販）で聞きなれた低い声をしていました。

そして、ついにその瞬間が訪れたのです。

彼はまさに私に必要なことを言いました。

「最も良い方法は、すでにあなたの望む結果を手に入れている人であるロールモデル（手本）を見つけ、どのように結果を生み出しているかその人から具体的に学ぶことだ。この方法は今までより簡単にゴールを達成させてくれるだけでなく、膨大な時間を短縮できる。わざわざ1からやり直す必要がないからだ」

当時私はコーチングビジネスでうまくいかず、お金もありませんでした。

セミナーで月に1万ドルを稼ぐという目標を立てていた私はコーチを必要としていましたが、私のコーチになりうる人といえば、衛星放送アンテナの取り付け工である兄だけでした。私は1カ月かけて兄から衛星放送アンテナの取り付け法を学んだのです。

兄の指導の下、衛星放送アンテナの取り付け工となり、私は月収4000ドルを稼ぐようになりました。当時の私にとって、それは上出来でした。仕事のない状態から1カ月4000ドルはとても大きな結果です。私は実証済みの戦略を活用し、それなりの収入を得たのです。

しかし、私は「次のレベルにはどうやって行けばいいのか?」と自問をはじめました。私のゴールは8桁の収入を得ること、そしてコーチとして成功することだったからです。

そこで同年、私は人生で大きなゴールを達成する秘訣を知っているサクセスコーチ、タッド・シンキーを探し出しました。彼はすでに1000人以上もの人をゴールに導いていたのです。私は彼をコーチとして雇いました。

彼は私にゴールを短期間で達成するためのステップ・バイ・ステップの成功システムを伝授してくれました。

彼と話せば話すほど、私は自信を感じたのです。ゴール設定からはじまり、モチベーションを上げる方法、良い習慣を身につけ、試練を乗り越える方法まで私が必要としていたすべての情報を彼は与えてくれました。それぞれのコーチングセッションは1時間で、人生を変えるようなガイダンスで満たされていました。

結果として、私の収入は月収4000ドルから2万4000ドルに増えたのです（2カ月で600％の増加）。信じられないほどの結果です（詳細は第2章参照）。それまでの人生で一番多くの金額を稼いだ瞬間でした！

そこで私は重要なことに気がつきました。

コーチングは結果を得るための最も簡単で最速の方法

考えてみてください。

あなたには2つの選択肢があります。

①大きな成功と幸せをもたらすのはどのような考え方なのか、自分で答えを出す。

②コーチを雇って自分の理想の人生を歩むための考え方を具体的に教えてもらう。

図3

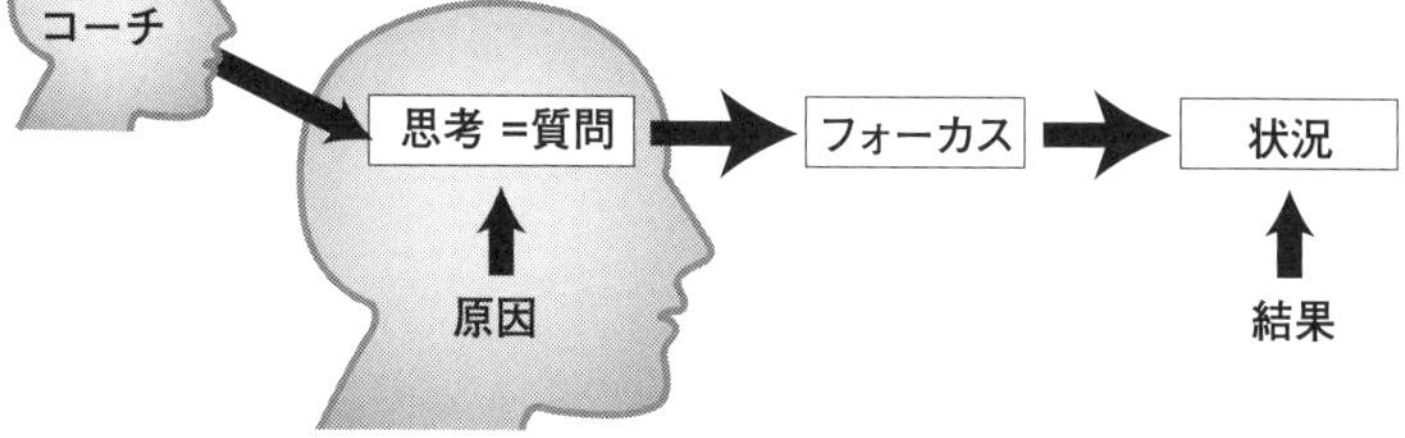

私は人生のあらゆる分野で②の方法を使ってきました。

本書の中では、私がどのようにコーチを活用して数百万ドルを稼ぎ出したのかをお話しします。ここでは、私がさまざまなコーチを雇うことによってたった3年半で無一文から億万長者へと変貌《へんぼう》を遂げたという事実を覚えておいてください（図3）。

Chapter 1

「できない」のは痛みと快楽を理解していないから

もし痛みを受ける行動であれば、
その行動を取ることと悪い感情を結びつけるようになります。
良い習慣をつくる秘訣は、痛みの代わりに
ゴールに向かう行動をすることに、
たくさんの快楽を結びつけることです。

偉大なものが培われる土台となるのは、
日々の考え方や行動の習慣なのだ。
——スティーブン・R・コヴィー

私たち一人ひとりが感じる痛み、または快楽の意味付けが人生を左右する

この章では、あなたの人生とすべての行いを突き動かす、ある力について学んでいきます。それは、「痛み」と「快楽」です。

痛みは短期的なモチベーションを起こさせます。そして、大きな長期的ゴールに期待する快楽こそが、継続的変化をするための真の解決策なのです。

この知識を得ることで、どれほど痛みが私たちを動機付けるのか、そして、快楽をより良く活用していけるのかを理解することができるでしょう。つまり、痛みと快楽を理解し、コントロールすることが成功への最大のカギなのです。

私たちのすべての行動は、できる限りの快楽を得るため、または痛みを避けるためのいずれかによって生み出されます。つまり、私たち一人ひとりが感じる痛み、または快楽の意味付けが人生を左右するのです。

もちろん、ある人が「痛み」と解釈したことがほかの人にとっては「快楽」となることもあります。つまり、同じ出来事だったとしても、それに対する解釈は人それぞれなので、生み出される行動もまた人それぞれになります。

ただ共通しているのは、大抵の場合、何かを痛みだと解釈すると、みんなそれを避けようと行動するものです。そして、何かを快楽と解釈するとそれに向かっていこうとします。また、自分で行動に移すまでは自分がどのように物事を解釈しているのか簡単にはわからないことがあります。人はいつも「これは痛みを意味するのか？　それとも快楽を意味するのか？」と脳に問いかけています。

その出来事があなたにとってどんな意味を持つのかによって、痛みもしくは快楽の意味付けが決まります。快楽を意味するのであれば、あなたは思い切ってやるでしょうし、痛みであれば、なんとしてでも避けようとするでしょう。

この章を読み終えるころには、成功へ向けて新しい習慣をつくるためのヒントを得られるはずです。その新しい習慣があなたの人間としてのベースを上昇させ、さらに上へ上へと向かう上昇気流のごとく、あなたをサポートしつづけることになるのです。

快楽とは何か？
私たちはできる限りの快楽を手に入れたいと思っている

快楽とは基本的な人間のニーズ（欲求）です。身体的、感情的、精神的に気持ち良さを感じたいという欲求です。空気、水、食べ物が必要なように、できる限りの快楽を得たいという欲求があるのです。

偉大な心理学者であり作家であるアブラハム・マズローは欲求段階説で、空気、水、食べ物のような「肉体的ニーズ」が最も大きく、最も基本的なニーズだと述べています。これらのニーズは明らかに優先されるものです。私たちはこれらなしでは生き延びることができないからです（図4）。

しかし、これらのニーズが満たされると、感情的、社会的、自尊心のニーズといったより高いレベルのニーズへと引き上げることができます。

最終的には、人は欲求段階説の上位にある、倫理観、創造性、問題解決のような事柄にフォーカスできるようになります。マズローの言葉を使うと、「自己実現」を満喫することが可能になるのです。

人が意思決定をする際に主な違いをもたらすものの1つは価値観です。

図4

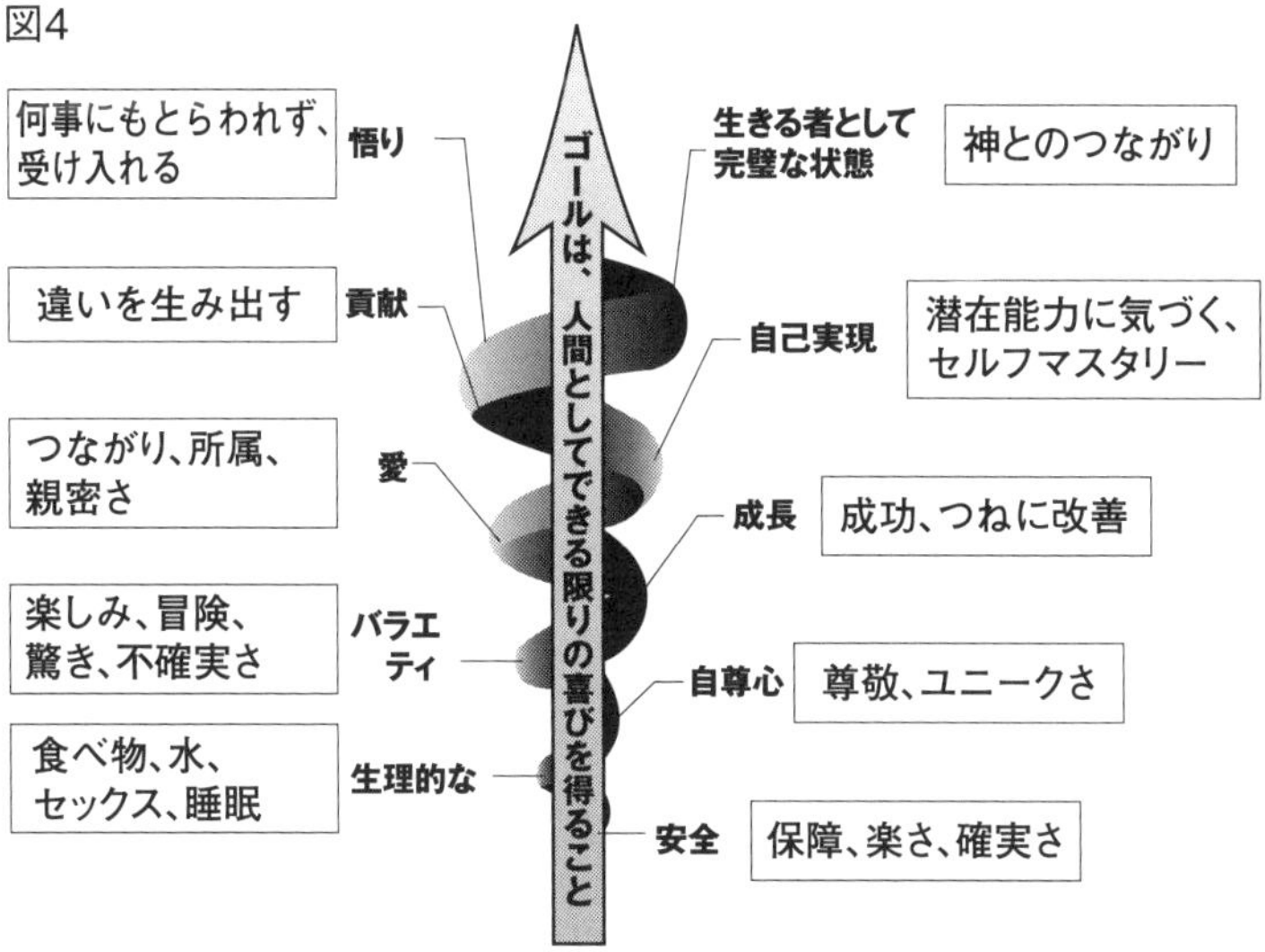
ゴールは、人間としてできる限りの喜びを得ること
何事にもとらわれず、受け入れる
悟り
生きる者として完璧な状態
神とのつながり
違いを生み出す
貢献
自己実現
潜在能力に気づく、セルフマスタリー
つながり、所属、親密さ
愛
成長
成功、つねに改善
楽しみ、冒険、驚き、不確実さ
バラエティ
自尊心
尊敬、ユニークさ
食べ物、水、セックス、睡眠
生理的な
安全
保障、楽さ、確実さ

私たちはみんな、できる限りの快楽を手に入れたいと思っています。ある人にとっては、安定が最優先かもしれません。一方で、貢献、自己実現、悟り、完璧《かんぺき》な状態での生活に価値を見出している人もいます。

以前、人間のニーズについて大きく一般化をした人と話したことがあります。その女性は、すべての人にとって人生における最優先事項は「できる限り楽をすることだ」と言いました。

確かに多くの人が楽をすることに価値をおいているのは事実かもしれませんが、一方で多くの人が自分たちの信じる冒険、愛、貢献のような、さらなる快楽を経験するために楽をすることを喜んで犠牲にしています。

人それぞれ快楽と思うものは異なりますが、私たちはみんな快楽を求めようとしていることは共通しています。そして、それぞれの快楽が自分にとって何を意味するのかによって優先順位を決めています。

人生のどの段階にいるかによって、優先順位が変わり、図4に表されたさまざまなニーズを満たそうとしているのです。

さて、これで快楽の概要について理解していただけたでしょう。次は痛みのテーマに移ります。

痛みとは何か？
すべての人のゴールは、痛みの経験を可能な限り少なくすること

上昇スパイラルを使って快楽を整理したので、次は下降スパイラルの図5を使って痛みのレベルを整理していきましょう。

図5は人が避けたいと思う痛みの感情を表しています。すべての人のゴールは、可能な限り痛みの経験を少なくすることです。痛みを感じたとしても、最も浅いレベルにとどめておきたいと思うのです。

つまり、私たちの脳はいつもその瞬間に可能な限りの快楽を得て、可能な限り痛みを回避するという目的を持っているということです。脳はいつも、快

図5

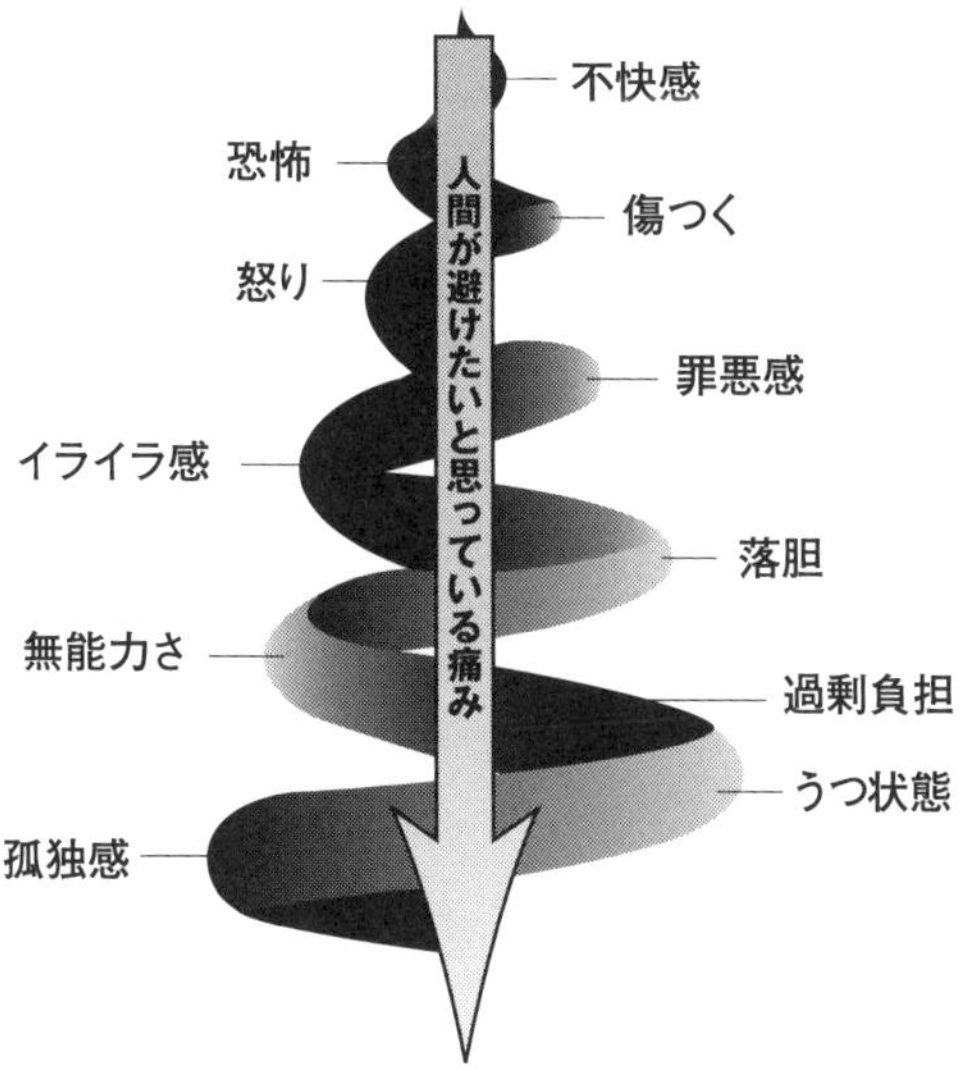
人間が避けたいと思っている痛み
不快感
恐怖
傷つく
怒り
罪悪感
イライラ感
落胆
無能力さ
過剰負担
うつ状態
孤独感

楽を得る経験を最大化するために「これは痛みと快楽、どちらを意味しているのだろう?」と判断しようとしているのです。

短期的快楽vs.持続可能な快楽
悪い習慣は、長期的に快楽を持続できない

桁違いの生活を満喫できる人は、長期的思考を持っています。つまり、ずっと先にある快楽を得るために、目先にある痛みを我慢できるということです。

一方で、今すぐにできる限りの快楽を手にしようという短期的な考え方をすると、のちに耐え難い痛みを招くことになるであろうことは想像に難くないのではないでしょうか?

その瞬間に快楽を感じても、つまり短期的快楽を味わっても持続させることができず、長い目で見れば結果的に痛みにつながるという状況です。

わかりやすい例は、喫煙、ジャンクフードの食べすぎ、お酒の飲みすぎなどです。適度であれば、それほど酷い結果をもたらすことはないかもしれませんが、やりすぎてしまうと、今後5年、10年、もしくは何十年にもわたって酷い痛みを引き起こす悪質な習慣を身につけてしまうことになるでしょう。

私の叔母は将来的に喫煙がもたらす結果をあまり考えず、1日1箱タバコを吸っていま

した。叔母は喫煙を心地よく感じ、楽しんでいました。しかし、毎日1箱のタバコを吸いつづけて30年後、彼女は癌《がん》によって片方の肺を失いました。

彼女のケースは稀《まれ》なものではありません。米疾病対策センターの疾病死亡週報によると、アメリカでは860万人が喫煙によって慢性疾患を抱えているとのことです。

真の問題は、多くの人が悪習慣の長期的結果を考えずにいた結果、最終的にそれが過酷な体験を引き起こしているということです。一度は喜びをもたらした同じ行動が、今度は酷い痛みを引き起こすのです。悪い習慣は、長期的に快楽を持続させることはできないのです。

それでは、何が長期的に快楽をもたらすことができるのでしょう?

長期的快楽への秘訣
痛みと快楽をコントロールする方法を学ぶ

重要なことは、痛みと快楽をコントロールする方法を学ばなければならないということです。悪い習慣を持続的な充実感をもたらす良い習慣へと変える能力を身につけなければなりません。

そのためにはどのようにすればいいのでしょう? 答えは2つあります。

1つ目は行動を変えるほどのモチベーションを与えてくれるワクワクするような長期的ゴールを持つことです。

自分に大いにモチベーションを感じさせるゴールを持っていないと、人はいつもすぐ目の前にある快楽を得ようとしてしまいます。つまり、魅力的な長期的ゴールがない場合、私たちは短期的な快楽を求めようとしてしまうのです。

脳を、いつも最高の快楽に向かう追跡型ミサイル誘導システムだと考えてみてください。この誘導システムは痛みを遠ざけ、短期的（過程を楽しむ）、あるいは長期的（持続可能な幸福）な快楽を与えてくれるものに近づこうとします。

しかし、長期にわたって得られる快楽にフォーカスできないと、いつも一時的な快楽の誘惑に負けてしまいます（これを克服するプロセスを「快楽を遅らせる」、もしくは「規律を守る自制心」と呼びます）。

だから大きなモチベーションを感じるゴールが必要というわけです。それがないと、脳はつねに刹那《せつな》的な最高の快楽――テレビ、過食、アルコール、テレビゲーム、重要な仕事の先延ばし、ネットサーフィン、ショッピング、お金の無駄遣いなど、瞬時に快楽を得られる類のものを追い求めるのです。

しかし、先ほど説明したように、短期的快楽にカテゴライズされているもので長期間持続できるものはありません。

成功を収めた人は、快楽を遅らせることに長けている

それでは短期的快楽から長期的思考に移すための2つ目の答えとは何でしょう?

言うまでもないかもしれませんが、自己規律です。喜びを遅らせる能力、長期的快楽を得るために短期的な犠牲を払うことのできる能力が成功への秘訣であると、私たちはわかっているはずです。

億万長者になるというゴールについて考えてみてください。自制心、自己規律が必要であることは誰でも気がつくでしょう。この場合、収入の一定の割合を貯蓄する自制心、自己規律が求められます。

たとえば、収入の50%を貯蓄したとします。そして、経済的自由を手にするまでその貯蓄分を投資し、自己資本を増やすことができます。

ほかにも筋肉質の体をつくることを考えてみましょう。そのためにはジムでこれ以上はもう動けないという疲労の限界に達するまでウエイトトレーニングをするという日々の規律を守る必要があります。そうすることで筋肉の発達を促すのです。

筋肉の限界までウエイトトレーニングをすると、短期的には不快感を覚えるのですが、

運動をする習慣がつくられると長期的には何倍にもなって報酬が返ってきます。美しい体のラインを楽しみ、エネルギーが増し、自尊心が高まり、自信がみなぎり、他人からの尊敬を勝ち取り、腰痛や病気を患うことなく人生を最高に満喫することができるのです。

日々の行いが人生の成功や失敗のすべての基盤をつくるのです。日々の行いが習慣となり、その習慣が何であったとしても、満ち足りた報酬のある人生か望まない結果ばかりの人生かを決定します。

成功を収めた人は、快楽を遅らせることに長《た》けており、自己規律を守れる人です。彼らは長期的な成功を収めるために必要な日々の行動、そして、短期的な快楽を放棄するのに必要とされる日々の行動を継続的に取ることによって自身が何よりも求めるゴールを達成できるのです。

アメリカのビジネス哲学の第一人者であるジム・ローンはかつてこう言いました。

「すべての成功の基盤は自己規律である。すべての規律ある努力に対しては何倍もの報酬がある。そして、自己規律を守る痛みか後悔の痛みのどちらかが必ず存在する。ただし、自己規律を守ることの重みは数グラムであるのに対して、後悔の痛みは数トンである」

では、成功において自己規律がどれほど重要かわかっていながら、どうしてより多くの人がそれを守らないのでしょう?

その答えを見つけることで、自分自身はもちろん、他人にもモチベーションを起こさせる秘訣を理解できるでしょう。モチベーションを起こさせる能力とは、痛みと快楽にコントロールされるのではなく、痛みと快楽をコントロールする能力のことなのです。

継続的変化を生み出すためには快適領域を広げることであり、その過程を楽しむこと

もし痛みを受ける行動であれば、その行動を取ることに悪い感情を結びつけるようになります。結果、習慣として定着させるほどその行動を続けることはできないでしょう。良い習慣をつくる秘訣は、痛みの代わりに、ゴールに向かう行動をすることにたくさんの快楽を結びつけることです。

例を挙げましょう。私は最近、自分で決めた運動の継続に苦労しているクライアントにアドバイスをしました。彼は体重を減らすというゴールを持っていましたが、自分には一貫してジムに通いつづける自己規律がないと気づきました。

そこで私は、まずは毎日5分の運動からはじめるように言いました。たったの5分なら、彼にとって苦痛を感じずに続けられるものだと考えたからです。

私の提案を聞くと彼は、「5分？　5分では私の体重に何の変化も起こりません」と一蹴《いっしゅう》しました。

まったくその通りで、たった5分の運動を1日やるだけでは体重を減らすことにはなりません。しかし、5分間の運動を日課にすることは苦にならないことを彼に説明しました。彼は「そうですね、5分であれば簡単にできますね」と同意しました。私はさらに、もし続けてこれができるなら、30~60日後にはこの日課が習慣になることを説明しました。

5分の運動をすることが習慣になれば、成功するために必要なことは快適領域、つまり自分の限界値を徐々に広げればいいだけです。最初は運動時間が5分だけでも、そのうち基準を上げて10分に増やすことができるのです。

難しいのははじめることで、はじめることと結びつけている苦痛を克服できれば、これが人生の新しいパターンとして動き出すのだと私は彼に説明しました。

彼は私のアドバイスに従い、毎日5分だけの運動をはじめました。そして、運動に対して苦痛を連想しなくなったので、この習慣を続けることができるようになりました。運動する習慣は彼の潜在意識に深く植えつけられたのです。日々の運動のパターンが新しく確立され、彼の心身の新しい神経系のつながりがつくられたのです。

それから、彼は運動の量を1日20分に延長し、最終的には1日45分という現在の量に到達させました。そして結果的に、彼はたった2カ月で約13kgの減量に成功したのです。

ここでの原理原則は次の通りです。

成長とは自分の快適領域を広げることであり、その過程を楽しむことが大切です（図6）。一旦習慣をつくれば、自分の快適領域を広げつづける限り継続的に成長できます。したがって、特定の結果をすぐに得ようとするよりも、規律を守る習慣を確立させるほうがより重要なのです。正しい習慣を確立することに焦点を合わせれば、必ず結果はついてくるのです。

目の前にある課題を快楽に結びつける方法を見つける

成功習慣をつくるうえで、人が犯してしまう最大の間違いは、苦痛を克服することによってしか成功習慣をつくることができないと考えることです。快楽と習慣をつくる過程を結びつけられず、その瞬間瞬間の幸福を奪われてしまっていると考えてしまうのです。

だからといって、苦痛をもみ消そうとするのは効果的ではありません。人によって痛みの限界は異なりますが、快適領域から遠ざかれば遠ざかるほど、新しい習慣をつくることは難しくなります。まるでゴムのよう

図6

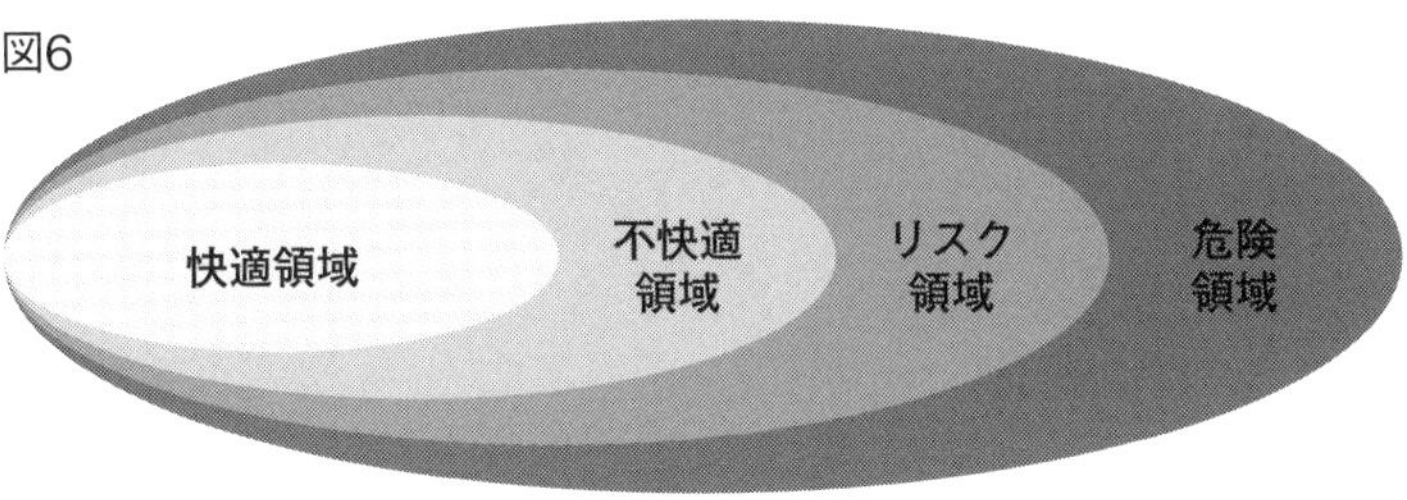

規律を守ることを習慣化しつづけることで、快適領域は徐々に広がり、その他の領域は狭まっていく。

なもので、ゴムは好きなだけ伸ばせますが、いきなり伸ばしすぎると、最終的にはゴムの戻ろうとする力によって元の快適領域に引き戻されます。

しかし、一旦習慣が確立されると、この行いが痛みと快楽のどちらを意味するのか判断をする必要がなくなり自然に行うようになります。問題はほとんどの人は習慣が形成される前にやめてしまうことです。

もしかすると数日、もしくは数週間は痛みを我慢することができるかもしれません。しかし、習慣形成に必要と言われる66日もの間、苦痛と戦えるのでしょうか？　それは多くの人にとっては無理な注文になるでしょう。

意識的かどうかは別として、快楽を最大限にすることがすべての人のゴールなので、今すぐに手に入る快楽を求めることを、脳は正当化しつづけるのです。

「もう十分だ。これ以上不快感は味わいたくない。今夜はチーズバーガーを食べてソファでのんびりするんだ！」と言いたくなるように、私たちが対処できる苦痛の量は限られているのです。そうして、食事制限や運動の習慣は、すぐに得られる快楽と引き換えに見捨てられてしまうのです。

我慢に我慢を重ねるようにゴムを伸ばしすぎるのではなく、まったく異なったことをする必要があります。習慣が形成されるまで快適な方法でできる限り規律を守るのです。いきなり基準を上げるのではなく、少しずつ少しずつ広げるように上げていきます。これを苦痛がまったく感じられなくなるまでつづけていくのです。

したがって、目の前にある課題を快楽に結びつける方法を見つけること（いきなり1日45分の苦痛に飛び込むのではなく、1日5分の運動をする）、そして、課題の快楽を失うことなく少しずつ基準を上げていくことによって目標が達成されるのです。

もちろん、短時間からはじめることは、痛みと快楽をコントロールする方法の1つでしかありません。本書ではほかにもさまざまな方法を提示しています。

新しい習慣をつくることで得られる隠された利益

ここでちょっとした秘密をお教えしましょう。体重を減らしたかった私のクライアントのことはご存じですね？　実はそのクライアントというのは私のことだったのです。私は自分にコーチングして、1日5分の運動からはじめ、今では1日45分間の運動を毎日の習慣として規則的に行っています。

その結果、今では私はかなり筋肉質の体を手に入れ、歳を重ねるにつれてどんどんたくましくなっています。改善の原理原則を活用しているからです。

改善とは「絶え間なく続く改良」という意味です。私は毎日、前日よりもさらに持久力と回復力をつけ、より良く加速的にたくましくなるように、体づくりをしているのです。

その結果、鏡で自分を見、満面の笑みを浮かべてこう言うのです。

「わぁ、私はなんてカッコいいんだ。妻が自慢に思うたくましい億万長者だ」

運動と健康的な食事が自然な習慣となったので、私は自分に自信を持っています。さらに良いことには、運動と適切な食事法が自然にできるので、それほど規律を守るために労力を必要としないのです。

これが習慣をつくることで得られる隠された利益です。私はこの効果を「慣性の法則」と呼んでいます。

モチベーションがあなたを動かしはじめるが、習慣があなたを前進させつづける

ジム・ローンは、「モチベーションがあなたを動かしはじめるが、習慣があなたを前進させつづける」と言いました。

私の場合もモチベーションが運動をはじめるきっかけになりましたが、それが自然な習慣となっていったのです。言い換えると、1日5分の運動がゴールを達成するのに必要だった助走をつけてくれたのです。

ロケットは打ち上げの際、離陸時に燃料のほとんどを使ってしまうことをご存じでしょうか？　ロケットは地球の重力から逃れる必要があります。最初は地球の重力から逃れるためにロケットを上に押し上げる膨大な力をつくり出さなければなりません。しかし一旦十分な勢いが出れば、あとはそれほどの力を必要とせずに進みつづけることができるのです。

成功を達成するにも同じように慣性の法則が発揮されます。最初は行動の源となる感情的な燃料が必要です。そして、66日間感情の状態を管理します。

その後、形成された習慣の勢いがその状態を持続させます。そのために必要なのは、ほんの少しの努力のみです。

習慣を形成すると、脳は「運動することが快楽である」と物理的な神経回路をつくり出すのです。あるいは、脳がいちいち「これは痛みと快楽のどちらを意味するのだろう？」と判断しなくなると言ったほうがわかりやすいでしょうか。

一方、人の成長を阻害する障害となるものはすべて、悪習慣に根差しています。人生の失敗者は規律を守ることが不足しており、成功者は失敗者のやらないことを進んでするのです。

成功者は一生涯続く成功の習慣をつくります。彼らには自分を奮い立たせる、やむにやまれぬビジョンがあるからです。

理由さえあれば、痛みを快楽へと変えられる

おそらくほとんどの方は、元旦、あるいは新年度に「今年を人生で最高の年にしよう」と言い聞かせたことがあるはずです。

しかし、その決意はなかなか守られることがありません。今のあなたならその理由がわかっているはずです。

痛みと快楽をコントロールする能力をマスターしていなかったからです。その反対に、痛みと快楽にコントロールされていたからです。

あなたの成功への過程を痛みに結びつけてしまうと、失敗へとつながってしまいます。成功の秘訣は、脳の神経回路をつなぎ直すことです。成功習慣に瞬時に感じられる快楽を結びつけるのです。

行動することに対する意味付けが私たちの成功にとって極めて重要なのです。

しかし、日々の痛みと葛藤《かっとう》しようとすれば、目の前にある課題と我慢できないほどの痛みを結びつけるため、しばらくするとあきらめてしまいます。

次の例でモチベーションをどこまで上げることができるかご説明しましょう。

この虫の写真1を見て、「この虫を食べるとどんな感じがすると思いますか?」と質問したら、あなたは何と答えますか?

あなたはきっと、「気持ち悪い、不快だ、吐きそうだ」「こんな虫は絶対に食べない」と考えているでしょう。

では、もしこの虫を食べたら1万円をあげると言ったらどうでしょう? (ちなみにこれは養殖された虫で、アジアでは日常的に食べる人もいる100%安全なものです)

さあ、あなたはこの虫を食べますか?

この質問をセミナー中にしたら、数人の人が「食べる」と答えるでしょう。しかし、食べるという人はまだまだ少数派です。大多数の人はたったの1万円でこの虫を食べるくらいなら死んだほうがましだと言うで

写真1

しょう。

では金額を上げてみましょう。100万円もらえるんだったら、この虫を食べますか？　もしかすると100万円ではまだ十分ではないと言う人もいるかもしれません。では、1000万円ではどうでしょう？

そこで質問です。あなたの夢は何ですか？　もし1000万円を手に入れることで自分の夢の達成の助けとなるのであれば食べますか？　1000万円あればだいたいのことは実現できます。人によっては年収以上の金額です。この虫を食べるだけで1000万円をあなたのものにすることができるのです。これだけのお金で何ができるかを考えてみてください。ずっと夢見ていた新車のスポーツカーに乗ったり、自分の両親にいくらかをあげることもできますし、外国に行ってビーチのある楽園で豊かな休暇を楽しむこともできます。

もし、あなたがまだ「イヤだ」と答えるのなら、それは、「大金を手にすることを快楽に結びつける以上に虫を食べるという行動を苦痛に結びつけている」ことを意味します。あなたが感じるのは、嫌悪感、恐怖心、もしくは自然とみぞおちの辺りがムカムカする生理的な不快感かもしれません。そして、「絶対にやらない」と自分自身に言い聞かせているのです。

さて、虫を食べるということを自分がどのように解釈しているのか理解していただけましたか？　あなたがどんな意味付けをするのか、それこそがあなたの行動を決定するのです。

もし虫を食べることが快楽なのであれば、あなたは虫を食べるでしょう。

しかし、もし虫を食べることが痛みを意味するのであれば、食べないでしょう。

人生をコントロールするものとは、人生での出来事に対する意味付けなのです。

報酬が虫を食べるという行動を価値あるものへと変える

実際のところ、この虫を食べるのは苦痛であり、おそらく虫を食べることで1000万円のオファーがされることはないだろうと思っているとはいえ、ぜひあなたに問いかけてほしいのです。「もし報酬が十分であれば、自分は食べるだろうか？」と。

では、1億円ではどうでしょう？　これだけの大金があれば、あなたは夢にまで見たマイホームを手に入れることができ、老後に備えていくらかを運用することができ、そのうえ経済的安定を得て、素敵な洋服を買い、高級時計を買い、あなたにとって最高の快楽を感じられるほとんどのものを手に入れることができるでしょう。

私の開催したセミナーの経験から言うと、参加者の中の大多数の人はここまでには手を挙げています。しかし、お金が大きな要因ではないと言う人もいます。どれだけの大金であろうと、たとえ1000億円を提示したとしても、その人たちは絶対に食べようとしないのです！

それでは、今度は違った形で提案してみましょう。そして、虫を食べることがどんな意味に変わるかを見てみましょう。

それでは、この虫を食べることで世界中の飢餓《きが》がなくなるとしたらどうでしょう？　それなら虫を食べますか？

国連の報告によると、毎日1万8000人の子どもたちが餓死しているそうです。あなたがこの虫を食べることで1万8000人の命を救えるとしたらどうでしょうか？　この子どもたちの命を救うためにあなたたなら虫を食べますか？

ほとんどの人が食べると言うと思います。

このエクササイズの重要な点は、もし何かをするために十分に大きな理由があれば、あなたは「やる」と気づけるということです。それは意味が痛みから快楽へと変わるからです。虫を食べることがもはや苦痛を意味しないのです。苦痛とは程遠いものになっています。むしろ、虫を食べることが大きな快楽に変わったのです。報酬が虫を食べるという行動を価値あるものへと変えたのです。

脳はあなたの願望に、痛みか快楽のいずれかを意味付けする

したがって、自分のためにゴールを設定するときに「大きく考える」ことが重要なのです。なぜでしょう？　つまらないゴールでは誰にも規律を守るモチベーションを上げてくれない、または快適領域から抜け出せないからです。

ゴールを考えたときに、あなたが瞬時にワクワク感を感じられる大きなゴールを持たなければなりません。虫を食べたら1億円の賞金が手に入ることと同様に、もしゴールが十分に大きくて、非常に大きな報酬だと判断すれば、あなたはそれを達成するために規律を守るのです。

ここでの教訓の重要な点は次の通りです。

脳がつねに「これは痛みと快楽のどちらを意味するのだろう？」と問いかけつづけているのであれば、あなたの抱いている大きなゴールに対してどんな意味付けをするでしょうか？　考えてみてください。

もし十分に大きなゴールを持っていて、報酬が非常に大きなものであれば、あなたはそのワクワクするゴールに向かって「大量行動」（ここで言う「大量行動」とは、過去の成功

体験、情報収集から得られたリソース、すでに同様のゴールを達成している人から学んだことを基に大量の行動リストを作成し、効果的なものから優先順位をつけて実行すること。詳細は第5章参照）を取るように自分のモチベーションを高めることができるのです。

この章から得る必要のあるカギとなる教訓は、本当にワクワクするゴールを設定することの重要性です。

Chapter 2

最高のモチベーションの生み出し方

私たちは思考のすべてを
自分でコントロールすることは不可能です。
思考の40％は無意識の習慣であり、
さらにそうした事実に気づいてもいないからです。
したがって重要なのは、ほかの思考を塗りつぶすくらいの勢いで、
多くの成功をもたらす1つの思考を何度も繰り返すことです。

人が最高の力を発揮するのは、
自分がやりたいと思うことをするときなんだ。
――アンドリュー・カーネギー

どうしてモチベーションが続かないのだろう？

２００４年、世界トップクラスのサクセスコーチによるセミナーに参加したことを、私は絶対に忘れません。セミナーがはじまったとき、彼はとても燃えていました。「人生を変える方法は１つしかない」と言い、「それは自分の基準を上げることだ」と続けました。彼の言葉はとても速く、情熱がこもっていて、目は１０００人以上の群衆を見渡していました。

「基準を上げるとは、Should（～しなければ）をMust（絶対に～する）に変えるということです」

観衆はそれに同意し、うなずきました。もうすでに、観衆は刺激を受け、拍手喝采《かっさい》し、音楽に合わせて飛び跳ねていたので床全体が揺れていました。

絶え間なく拍手し、飛び跳ねつづけて４日後、家に帰るときになりました。飛行機の中で、私はビジネスを次のレベルに進めなければならないと考えていました。それまでの人生で体験したことのないモチベーションを私は感じていたのです。

まるで誰も私を止めることができないような力が私にはみなぎっていたのです！

家に着いたとき、まだセミナーの影響で興奮している私を見て婚約者は驚いていました。私の親友が家に訪ねてきたのですが、彼が人生についてちょっとした愚痴を漏らしているのを聞いて、私は「今こそ基準を上げるときだ！」と叫んだほどです。

私は胸を張って背筋を伸ばし、壁を突き破るほどの力強さを感じていました。その後1カ月のうちにビジネスで数千ドルの利益を上げました。本当に絶好調でした。ほかに何が達成できるだろう？　状況がポジティブな傾向にあり、明るい未来が見えていました。

しかし結果的に、私が抱いていた無敵状態の感覚は長続きしませんでした。2カ月後には私のモチベーションは薄れはじめたのです。

どうしてモチベーションが続かないのだろう？　そのとき、私は疑問に思いました。

モチベーションとは出来事ではなく習慣

起業家として、自宅で仕事をすることには良い点と悪い点がありました。

私には上司や社長がいませんでした。起業家として4部屋あるタイの自宅で仕事をすることは夢が叶ったかのようでした。いつでも好きなときに休暇を取ることもでき、お昼近くまで寝ていることもできるのです。

その一方で、私に指示をしたり、責任を課す人も、怠けても注意する上司もおらず、私を追い回すビジネスパートナーすらいませんでした。

起業家の私に残されている道は、必要に応じて大量行動を取るために自分でモチベーションを起こすか、それができなければ経済的苦境に陥るか、という2つしかありません。

そこで、私はモチベーションについてもっと詳しく知る必要があると気づきました。モチベーションに関する本を読んだのですが、継続的にモチベーションを高め、熱中させる確かな方法を教えてくれるものはありませんでした。

それでは、いったい何がモチベーションを高める秘訣なのでしょう？

再び同じセミナーに参加しようと決めたときに答えが見つかりました。

私は面白いことに気づきました。そのスピーカーは前回やった通りまったく同じ順序で同じセミナーを行ったのです。彼は、4日間の全セミナーを一言一句丸暗記してすべてを復唱していたのです。人にモチベーションを起こさせることは彼にとってはまるで習慣のように思えました。

まさにそのとき、私は突破口を見出したのです。モチベーションとは出来事ではなく習慣だと気づいたのです。彼はそれをやっていたのです。彼の習慣は、観衆を飛び跳ねさせて声の限りに叫ばせることだったのです。

「もしセミナーでやったすべてを自宅でできたらどうなるだろう？　もしこれをずっとや

りつづけたらどうなるだろう？　私のモチベーションのレベルはどうなるだろう？」

ウィキペディアの解説では、モチベーションを平たく言うと「望ましいゴールに向かって行動するための原動力」と定義しています。

しかし、その原動力とは具体的に何なのでしょう？

前章で、痛みを避けるニーズと快楽を得るニーズについて話しましたが、結局のところ、私たちはみんなできる限りの快楽を得るため、そして痛みから遠ざかるためにモチベーションを感じるのです。

モチベーションとすべての人間が持っている7つのニーズ

まず「モチベーションとは何か？」という疑問を解決していきましょう。

もっと快楽を得たいという衝動は、ニーズが完全に満たされていないときに発生します。基本的な例として、私たちはお腹が空いたときに食べようというモチベーションが湧《わ》くのです。

そして、ほかにも私たちを突き動かす欲求があります。それがすべての人間が持っている7つのニーズです（図7）。

① 快適さと安心感↔恐怖心や不快感

私たちはみんな、安心を得られるだけのお金、雇用の保障などを手に入れようとします。そして、人生のすべてが問題なくうまくいっていると感じたいのです。さらに生活の安心さに加えて、柔らかいマットレス、心地よいソファ、リラックスするためのマッサージなどの快適さを感じたいのです。

② 多様性と楽しみ↔退屈

もし、あまりに安全な生活が毎日繰り返されると、今度は退屈しはじめます。私たちはみんな人生を楽しむ必要があるのです。映画鑑賞、ビーチ、スポーツ、ゲームなど、どれを好きであれ、こうしたアクティビティは私たちの楽しみという欲求を満たしていることに気づいてください。退屈を紛らわせてくれるスパイスは多様性です。だからこそ、私たちは行ったことのない新しい場所を訪れるのが好きなのです。

図7

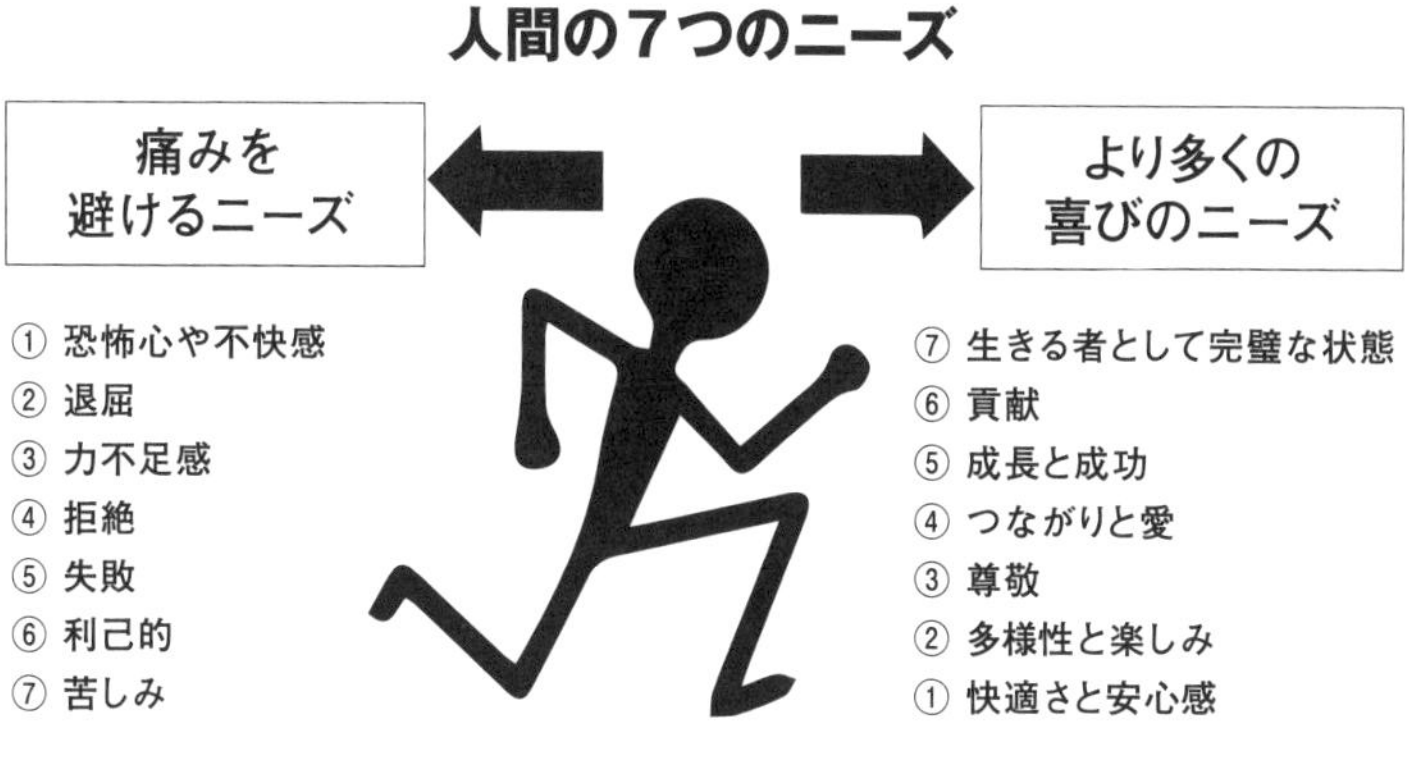

③ 尊敬↕力不足感

私たちはみんな、他人に褒《ほ》められ、称賛され、敬意を持って扱われることを好みます。人は、高級車、腕時計、洋服、家などを購入することで尊敬のニーズを満たすことができます。もちろん、物だけではなく職場での昇進や賞の獲得によって人から尊敬が得られます。

④ つながりと愛↕拒絶

人間は1人では生きられません。親密さ、友情、グループに加わること、またはフェイスブックなどのソーシャルメディアによってつながりのニーズを満たします。私たちはみんな、ほかの人に賛同し、自分とつながってほしいと思っているのです。そして、パートナー、親、兄弟、子どもや友人といった自分にとって最も大切な人から愛されたいと思っているのです。

⑤ 成長と成功↕失敗

ゴールの達成がこのニーズを満たす方法です。私たちはみんな、人生のすべての分野（感情面、身体面、人間関係、キャリア、経済面、精神面）で向上していると感じる必要があります。そして、人生をより良くしたいと思っています。ゴールを達成したいという願望があるからこそ、素晴らしい人生を歩むことができるのです。

⑥ 貢献↔利己的

慈善団体に寄付をするのは、何かしら社会に貢献したいという欲求の現れです。最終的に、世界をより良い場所にしたいという願いなのです。必要とする人に与えることで私たちは愛を感じることができるのです。

⑦ 生きる者として完璧な状態↔苦しみ

多くの人は「生きる者として完璧な状態」を悟りと呼び、幸福と呼ぶ人もいれば、天国と呼ぶ人もいます。その逆は苦しみにのたうち回る地獄ですね。これは、究極の快楽という感情に対するニーズです。完璧な状態というのは、見るもの聞くものすべてが快楽であり、一瞬一瞬がこれ以上ない幸せを与えてくれ、完璧な愛を感じるとき、完全に満たされたというこれ以上ない快楽を感じるときなのです。

さて、7つのニーズをざっと説明しましたが、モチベーションの意味を真に理解するためには、私たちみんなが同じ7つのニーズを共有しているということだけでは、まだ足りません。7つのニーズのうちのどれが最も重要なのか人によって違いがある、ということを知らなければならないのです。

ゴールとして成長と成功を追求している人がいるのに対し、快適さと安心感に非常に高いモチベーションを感じる人もいます。たとえいくつかの同じ選択肢が用意されたとしても、この2人はまったく違った決断を下すことになるでしょう。

私たちの持つ主となるニーズは、ランチを食べるためのレストラン選びといった基本的な決断にさえ影響を与えるのです。主に快適さを求める人は、ファストフードか心地よい雰囲気のレストランを選ぶかもしれません。一方で、成長と成功に突き動かされる人は、午後にゴール達成に向けて存分に行動できるよう、十分なエネルギーを蓄えるためにヘルシーなランチを出すレストランを選ぶかもしれません。

フューチャーペーシングを聞いたことがありますか？

本当に大きなモチベーションを起こすための次のステップを説明する前に、たった2カ月で収入を600％増やした私の秘訣を紹介しましょう。

アメリカの一流サクセスコーチであるタッド・シンキーに投資をしたときに感じた感覚を私は絶対に忘れません。私は3カ月間のコーチングパッケージの料金を支払いました。月に2回それぞれ1時間のコーチングセッションを受けられるというプログラムです。

そのとき、私は少し緊張していました。電話で話しながら、「彼は私の人生を変えるために何を言うのだろうか?」と不安に思っていました。

彼の声は落ち着いていました。コーチングセッションをはじめて30分が経過したころに、「フューチャーペーシングという言葉を聞いたことがありますか?」と私に質問しました。

「いいえ、それは何ですか?」

「目を閉じて」と彼は言い、「毎月1万ドルを稼ぐゴールをすでに達成したところを想像してみてください。このゴールを達成した今、あなたには何が見えますか?」と続けました。

私は「その金額が入っている銀行口座の明細書が見える」と言いました。

次に彼は、そのゴールを達成するために行ったすべてのきつい仕事を振り返ってみるように私に言いました。

私は頭の中で、ゴールを達成するために本当に一生懸命働いている自分を見ました。毎日18時間休みなく働く自分自身が鮮明に見えたのです。想像だけなのですが、疲れを感じるほどでした。

コーチは「なぜこのゴールを達成するためなら進んで何でもすると言えるのですか?」「あなたにとって、なぜそれほどの価値があるのでしょう?」と私に尋ねました。

私は月に1万ドルを稼ぐことがどうして自分にとって重要なのかを考えはじめました。

すると、なぜか息子の顔が思い浮かびました。そして、息子への抑えがたい愛情がこみ上げ、突然涙が頬を伝って流れたのです。

「私は息子と一緒に暮らしたいのです」

毎日20分間インカンテーションをしてください

その当時、私はカナダで衛星放送アンテナの取り付け工として働いていました。私の息子は母親と一緒にタイに住んでいたのです。息子に対して愛情溢《あふ》れる父親でいることは私にとって重要だったのです。

私の小さいころは愛情に満ちた父親がいなかったので、私は息子のためにいつでも力になり、成長と楽しい生活の手助けをすると心に誓っていました。愛情に溢れた父親のいない人生は大変つらいものだと身をもって知っていたからです。

コーチは「私のあとについて言ってください」と言いました。

「タイにいる息子と一緒に暮らすために、私は何でもする」

そこで、私は息子のジョシュのことを強く考えながらそのフレーズを繰り返しました。私は息子に対して非常に深い愛情、そして成功するために大いにモチベーションを感じはじめたのです。

「同じフレーズをもう一度繰り返して」とコーチは言いました。

私はその通りにしました。

コーチは次に、「毎日20分間インカンテーション（感情を伴ったアファメーションや自己暗示のこと）をしてください。タイにいる息子と一緒に暮らすために、私は何でもすると繰り返し声を張り上げてください」と言いました。

私は彼のアドバイスに従って、毎朝、携帯電話のタイマーを20分間設定してジョギングをしながら「タイにいる息子と一緒に暮らすために、私は何でもする！　タイにいる息子と一緒に暮らすために、私は何でもする！」と繰り返し声に出しました。

すると20分後には、ゴールへの障壁を打ち破る準備ができたという確信と、ゴール達成への断固たる決意が生まれたのでした。

結果は素晴らしいものでした。たったの2カ月で収入が600％増加したのです。断固たる決意をした私を止めるものはもはや何もありませんでした。コーチとともに作成したプランに沿って多くの行動を取りつづけた結果、月収は4000ドルから2万4000ドルになったのです。月に1万ドル稼ぐというゴールをさらに上回る、私がそれまでに稼いだことのある月収以上のものを得たのでした。

息子に会いに帰るのが待ちきれない！　最後に会ってから6カ月も経っていたので、そう思ったのです。ようやくタイに戻ったとき、息子はすでに1歳になっていました。私は毎日息子と遊び、笑い、一緒の時間を過ごしました。私の人生の中で最も美しく素晴らしい瞬間の1つは、息子とともに過ごした時間です。

インカンテーションとはいったい何なのか？
なぜ効果があるのか？

人生とは一貫した思考の現れです。大抵の人は1日に約3万回も物事を考え、そのうちの多くの思考はゴールに向かわせるのではなく、ゴールから遠ざけます。

私たちはみんな、ある決まった思考を何度も繰り返す傾向があり、そうした思考によって私たちの行動が支配されていることがよくあります。

私たちは思考のすべてを自分でコントロールすることは不可能です。思考の40％は無意識の習慣であり、さらにそうした事実に気づいてもいないからです。

したがって重要なのは、ほかの思考を塗りつぶすくらいの勢いで、多くの成功をもたらす1つの思考を何度も繰り返すことです。

私のインカンテーションの決まり文句として「何が何でもやっている」を選んだのはなぜでしょう？　理由は、成功者のマインドセットが成功するためには何が何でもやることであるのに対し、失敗者は達成できない言い訳ばかりをするからです。成功への重要なタスクを終えるために成功者が数時間しか寝ないのに対し、失敗者は「疲れたから、明日やるよ」と言うのです。

「理想の人生を生きるために何が何でもやっている」というフレーズを何千回と繰り返すことで成功者と同じ思考をするように自己暗示をかけているのです。一旦そのような習慣的な思考を脳にプログラミングし、「理想の人生を生きるために何が何でもやっている」という決意に満ちた態度をつくり上げることができれば、間違いなく日々遭遇するあらゆる難題に対しても、インカンテーションをしていなかったころと比べて、まったく違った対応ができるようになります。

この段階まで来れば、何かに取り組む際に脳が自動的に、何が何でもやるように体を動かす信号を出すのです。成功するためには固い決意、決断をしなければならないことを覚えておいてください。

インカンテーションは数あるサクセスツールの中でも最もパワフル

インカンテーションとは、もともとフランスの自己暗示療法の創始者エミール・クーエがはじめたものです。

クーエは有名なプラシーボ効果を発見した人物です。患者に対して薬の有効性を称賛することによって、与えられた薬の効果を高めることができる場合があることに気づきました。薬について何も説明を与えていない患者と、薬の有効性について説明した患者とでは、後者のほうが薬を飲んでからの健康面の改善が見られたのです。こうしてクーエの暗示の使用と想像力のパワーへの探求がはじまりました。

その後、クーエは思考と現実が等しいものであるという原理を利用した治療方法を患者のために開発しました。

クーエに関する数冊の本の著者であるハリー・ブルックスによれば、クーエの治療方法の成功率は93％ほどであったということです。残りの7％の人はクーエのやり方に懐疑的であった人や認めることを拒否した人たちです。

つまり、インカンテーションは数あるサクセスツールの中でも最もパワフルなものなのです。アイデアが実現可能な範囲内であり、継続して正しい方法で思考をつづけさえすれば、マインドに送り込んだすべてのアイデアが現実化するのです。

もし人生での急成長を達成したいのであれば、モチベーションを奮い立たせる必要があります。モチベーションが大量行動につながるからです。そしてそのモチベーションを奮い立たせるのがインカンテーションです。

「毎日最低20分間のインカンテーションをしていないのであれば、私の教えを活用していないということと等しい」と、私はいつもクライアントに伝えています。

高いモチベーションがあれば、私たちは以前より多くを成し遂げることができます。

成功の80％は、成功するためのやむにやまれぬ理由によってもたらされる

私のモチベーションが高くなった理由は、最大のニーズが満たされていなかったことが原因です。

そのニーズとは、息子とのつながりでした。

息子とつながり、一緒にいることが私にとって非常に重要だったので、自分が成長するための大きなモチベーションを生み出す理由となりました。満たされていないニーズが成長する気にさせ、ゴール達成に導いたのです。

私たちはみんな幸せになるために成長しなければなりません。究極の成功法則を使って６００％収入を増やした経験から、私には人生の選択肢——落ちぶれる道しか残されているわけではなく、理想の人生に向かって成長できる道があるのだということを知りました。

真の突破口は、毎日最低20分間インカンテーションを行わなければならないと信じはじめたことから生まれました。その結果、それまでに想像もできなかったモチベーションの

レベルに到達することができたのです。

成功の80％は、成功するためのやむにやまれぬ理由によってもたらされると言っても過言ではありません。自分にとって説得力のある理由が何であるかを知ることで、いつもゴール達成できるのです。

なぜ、やむにやまれぬ「理由」があることがそれほど重要なのかといえば、成功するためには決断することが欠かせないからです。決断すれば、必ず道は見つかるのです。もし十分なモチベーションがあれば、必ずそのための方法も見つかるのです。

モチベーションが上がらないのは、あなたの中に明確な理由がないからだ

ビジネスで月に1万ドルを稼ぎつづけるゴールを設定したあと、私は次のステップに進み、「このゴール達成がどうして自分にとって重要なのか？」と自分に質問しました。「毎月1万ドルを稼ぎつづけるというゴールを達成するために、なぜ私は何でも進んでやるのだろう？」と自問したとき、私は以前の理由（息子との再会）ほどのモチベーションを起こさせる強い理由を見つけられませんでした。すでに私は毎日息子と一緒に過ごしていたので、私のニーズは満たされ、最初のモチベーションは失われてしまっていたのです。

月に1万ドルを稼ぐためには新しい理由が必要でしたが、なかなか見つけることができませんでした。私は毎日、「月1万ドルを稼ぐために、なぜ私は何でも進んでやるのだろう？」という同じ質問を自分に投げかけました。

しかし、10日間毎日問いかけつづけたにもかかわらず、答えは出ませんでした。

あなたは今までにモチベーションの欠如を経験したことはありますか？　毎月1万ドルまたは2万ドルを稼ぐ、体重を減らす、理想のパートナーに出会うなどのゴールを持っていたけれど、十分なモチベーションが生まれなかったことがあるかもしれません。

モチベーションが足りないとすれば、それは行動を起こす気になるほどのやむにやまれぬ理由が見つかっていないからです。

大きな理由が見つかれば、人は自ら進んで賢明な行動を成功するまで続けるのです。もしそれが見つからなければ、そのうち日々の自己規律を守ることよりもすぐに手に入る快楽に引きつけられてしまうでしょう。

私はゴール達成するために何をすべきかわかりながらも何もせずに行き詰まっていました。モチベーションの欠如は私の人生の多くの場面で深刻な問題でした。

しかし、私の長期にわたる成功はある秘訣に気づいたことによって実現しました。それは、必要とする答えを得るまで、的確な質問を自分に問いかけつづけることです。答えになっていないような答えですが、次項で詳しく説明します。

時には成功のためには1つの理由だけでは十分ではない

もし質問をしつづければ、いずれは答えが見つかります。私はこれを「一貫して聞きつづける質問」と呼んでいます。一貫して聞きつづけるということは、答えはいつもすぐには出ないことを意味しています。時には、自分の探していた答えが見つかるまで同じ質問を何百回も必要とすることがあります。

成功者たちはより質の高い質問をします。そして、たとえすぐに答えが見つからなくても、それを達成するまで質問をしつづけています。

月に1万ドルを稼ぐ、30キロ痩《や》せる、理想の男性・女性に出会うなど、どんなゴールを持っていたとしても、解決策を見つけるために的確な質問をしつづけることです。そうすれば、必ずいつかは答えが見つかるのです。

私は「月に1万ドルを稼ぐために、なぜ私は何でも進んでやるのだろう?」と一貫して聞きつづける質問の原理を当てはめました。この同じ質問を何百回も何週間もしつづけたあとに、答えがようやく見つかったのです。たったの3年半で億万長者になれたモチベーションを起こし、その状態を保持する秘訣を見つけたのです。

そして気づいたのです。時には成功のためには1つの理由だけでは十分ではないということを。大きな成功を成し遂げるには、たくさんのやむにやまれぬ理由を見つける必要があり、それが十分な数になったときにようやく成功するために必要な確固たるモチベーションを与えてくれるのです。

私はどうして月に1万ドルを稼ぎたいのか、たくさんの理由を見つけました。そしてすべてを重ね合わせることで、ゴール達成するのに十分なモチベーションを生み出しました。

さらに私は、自分が理想とする素晴らしい人生を表現したビジョンボードをつくりました（写真2）。月に1万ドルを稼いだあとに手にするであろう人生のそれぞれの分野での利益をリストアップし、記したのです。私が思いついた絶対的な理由は次の通りです。

◎新車を買う。
◎プール付き、4部屋の寝室のある高級住宅に引っ越す。
◎ずっと行きたかったセミナーに参加する。
◎夢にまで見たバイクを買う。
◎五つ星ホテルに滞在して異国情緒溢れる南の島を旅行する。
◎経済的安定を感じられる十分なお金を銀行口座と現金と投資対象とで持つ。

◎筋肉質の体を持つ。

◎純金のロレックスを買う。

すべての人間は、「こうあるべきだ」と考える人生の設計図によって突き動かされています。理想の人生を生きることこそが、みんなが望むものではないでしょうか。

人はただ単に経済的成功を手に入れたいわけではありませんね？　すべてを手に入れたいのです。良い車、家、良好な人間関係、健康、そして、異国情緒溢れる場所への旅行など。

私たちはみんな、素晴らしい人生とはどんなものかというイメージを持っています。もちろん、理想の人生の内容は人それぞれ違いますが、人生をより良いものにしようと行動を起こすためにモチベーションを高めてくれる複数の理由はつねにあるはずです。

写真２

そんなわけで、私は腰を据え数時間かけて、住みたい家、乗りたい車、貯蓄口座の具体的な預金額など、私が達成したいと考えていたすべてを特定しました。

ビジョンボードとモチベーションの真の秘訣

先の写真2は私の短期的ビジョンボードで、月に1万ドルを稼ぐことで手に入れたいと思っていたものすべてを入れました。毎日20分間タイマーをセットして、「理想の人生を生きるために、何が何でもやっている」と繰り返しインカンテーションを行いながら、今度はトランポリンで飛び跳ねました。そして、インカンテーションを繰り返しながら、ビジョンボードに記された私が将来手にするであろうそれぞれの利益を見て、すでにそれを手に入れたと想像し、「これを手にした今、どう感じるか?」と質問するのです。

たとえば、ビジョンボードには金のロレックスの写真が貼ってあります。自分がロレックスのお店にいて、その金のロレックスを着けた瞬間にどのように感じるかを想像するのです。すると自然と笑みがこぼれ、本当に気分が良くなったのです。

私の得た結果は優れたものでした。この20分間の習慣を3カ月間、1日も欠かさず続けたあと、ちょうど3万ドルの現金を手にしました。それは素晴らしい気分でした。ゴールを達成したあと、私は「これは本当に効果があるんだ」と確信しました。

そして写真2の次につくったビジョンボード（写真3）にはよりいっそう力を注ぎ、ビジョンも以前よりももっとやむにやまれぬものにしようと決意しました。数日かけてつくった究極のビジョンボードは、より大きなゴール、自分の夢を表す美しい写真、それぞれのゴールの説明、素晴らしいグラフィックスなども使い、ご覧のようにさらに良いものになりました。自画自賛ですが、プロの方にデザインと印刷をしてもらったほどの力の入れようです。

すでにお気づきになられたかもしれませんね？　私の2つ目のビジョンボードは1つ目とは違っています。人生のそれぞれの分野を示す文字が外側に記されています。ゴールをビジュアライゼーション（目を閉じて、ゴール達成を想像すること）するときに人生のどの分野に焦点を合わせる必要があるのか見ることができるのです。小さな改善であっても、効果があります。

そして、この新しいビジョンボードでの一番大きな変化は、それぞれの人生の分野におけるゴールを、理想の家を建てること、より多くの収入を得ること、さまざまな収入獲得のために200万ドルを投資することなど、いっそう大きなワクワクするものにしたことです。

写真3

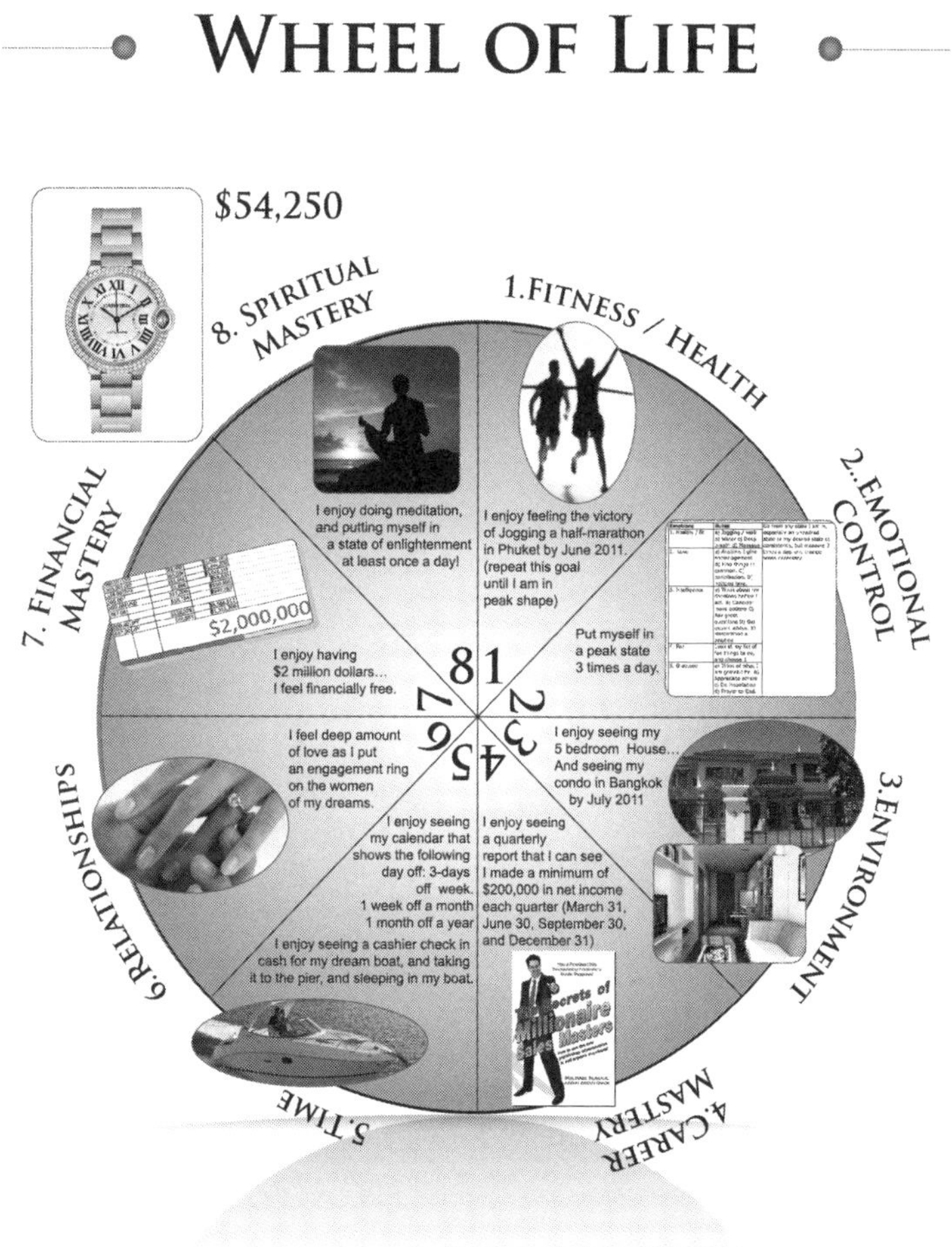
WHEEL OF LIFE
$54,250
8. SPIRITUAL MASTERY
1.FITNESS / HEALTH
2..EMOTIONAL CONTROL
3.ENVIRONMENT
4.CAREER MASTERY
5.TIME
6.RELATIONSHIPS
7. FINANCIAL MASTERY
$2,000,000
I enjoy doing meditation, and putting myself in a state of enlightenment at least once a day!
I enjoy feeling the victory of Jogging a half-marathon in Phuket by June 2011. (repeat this goal until I am in peak shape)
Put myself in a peak state 3 times a day.
I enjoy having $2 million dollars… I feel financially free.
I feel deep amount of love as I put an engagement ring on the women of my dreams.
I enjoy seeing my 5 bedroom House… And seeing my condo in Bangkok by July 2011
I enjoy seeing my calendar that shows the following day off: 3-days off week. 1 week off a month 1 month off a year
I enjoy seeing a quarterly report that I can see I made a minimum of $200,000 in net income each quarter (March 31, June 30, September 30, and December 31)
I enjoy seeing a cashier check in cash for my dream boat, and taking it to the pier, and sleeping in my boat.
8 1 2 3 4 5 6 7

中心に見える数字は人生のそれぞれの分野に対する優先順位を表しています。優先順位をつけると、同時に人生のすべての分野を見ようとするよりも、よりフォーカスを保つことができるのです。

成功するために、長期的考えを持つ

あなたは今から10年で何を達成できるか考えたことはありますか?

ほとんどの人は、次の2つの理由により、与えられた時間で多くのことを達成できます。しかし、自分の可能性を低く見積もってしまいます。

理由1　蓄積の法則

新しいスキルを身につけつづけることで、スキルの上にスキルが積み上げられ、私たちは成長し、達成する能力が増していきます。もし、10年間スキルを改善しつづけたとしたら、どんなことになるか多くの人は想像もできません。夢のような人生を手にする力を備えることができるのです。

理由２　複利の法則

ゴールを達成した瞬間に私たちはより自信を持ちます。その結果、ゴールをより大きく、時には倍に設定したりするのです。

たとえば、今後10年間毎年収入を倍にすることができる魔法のような方法を知っていたとします。どれだけの収入になるのでしょう？　仮に年収５００万円だとして、今後10年間毎年年収を倍にしたとすると、10年後には、51億２０００万円の年収になります。

アルバート・アインシュタインは、「複利は世界の８つ目の不思議」と言っています。毎年年収を倍にすることは難しいとしても、究極の成功法則を使うことで、10年間で信じられないような結果をもたらすことは間違いありません。

数年後に自分がどんなゴールを設定しているか想像することも難しいと思います。今後10年間究極の成功法則を使ったとしたら、今まで可能だと想像していた以上の成果を達成するでしょう。だからこそ私は、多くの人は、10年間で達成できることを過小評価すると言っているのです。

問題は多くの人が短期的視点にフォーカスしていることです。そして、３カ月から１年で達成できることを高く見積もってしまうのです。その理由は、その期間で何が本当に達成可能なのかという時間の概念を歪曲《わいきょく》して捉えているからです。

または、彼らが欲しい結果を達成するために必要なスキルが何なのか理解していないこと、そしてその必要なスキルを十分に備えていないからです。

そこで、短期的な敗北感に落胆しないことがとても重要なのです。というのも、もし長期的視点にフォーカスすれば、欲しい結果を達成するために必要なスキルを手にすることができるからです。そして、複利の法則をあなたの人生に活用するのです。

ビジョンボードをつくるために利点リストを使おう

では、成功したいという強い願望を与えてくれるビジョンボードをつくる方法を簡潔にお伝えします。前提として、やむにやまれぬビジョンがないと、簡単に基準を低くしてしまい、すぐ得られる快楽に甘んじることになるので、目標は高く、を意識してください。

次の質問をしてみましょう。

「私の人生のその分野で幸せを感じるためには何が必要なのか？」もしくは「どんなゴールが私を一番ワクワクさせるのか？」

まずは、満たされるために人生のそれぞれの分野で何が必要なのかを特定しましょう。

健康とフィットネス

◎健康面においてあなたが幸せを感じるためには何が必要ですか？
◎体重はどのくらいになりたいですか？
◎あなたの望む体脂肪率は？
◎どんな筋肉質もしくはセクシーな体になりたいですか？
◎あなたを最もワクワクさせるのはどんな人であるかを詳しく描写しましょう。
◎よりエネルギーレベルを高めたいですか？
◎この分野であなたのロールモデルとなる人は誰ですか？
◎あなたのロールモデルとあなたとの違いは何ですか？
◎よりロールモデルのようになるために何を達成する必要がありますか？

人間（恋愛）関係

◎人間関係においてあなたが幸せを感じるためには何が必要ですか？
◎あなたは結婚していますか？　独身ですか？　どんなパートナーと恋愛をしたいですか？
◎人間関係においてあなたが心から求めていることは何ですか？
◎子どもは何人欲しいですか？

◎この分野であなたのロールモデルとなる人は誰ですか？
◎あなたのロールモデルとあなたの違いは何ですか？
◎よりロールモデルのようになるために何を達成する必要がありますか？
◎あなたの理想の家族を具体的に詳しく描写しましょう。

キャリア＆ビジネス

◎キャリアとビジネスにおいてあなたが幸せを感じるためには何が必要ですか？
◎あなたは何に最も情熱を注いでいますか？
◎あなたを最もワクワクさせるのはいくらの年収もしくは月収ですか？
◎どんなキャリアを積みたいですか？
◎あなたのキャリアで最も幸せなのは何ですか？
◎この分野であなたのロールモデルとなる人は誰ですか？
◎あなたのロールモデルとあなたの違いは何ですか？
◎よりロールモデルのようになるために何を達成する必要がありますか？
◎あなたの理想のキャリアもしくはビジネスを具体的に詳しく描写しましょう。

財力

◎あなたにとっての理想の純資産とはいくらですか？
◎安心を感じる緊急用蓄えはいくら必要ですか？
◎どれほどのお金を投資したいですか？
◎どんな投資資産が欲しいですか？　家？　株？　賃貸用不動産？　ゴールド？　理想の人生を歩んでいると感じるためにはどんな財力を手に入れたいかを詳しく描写しましょう。
◎経済的自由を手に入れるために何が必要だろう？　と問いかけてみましょう。何歳で退職したいですか？
◎どんな家に住みたいですか？
◎どんな車に乗りたいですか？
◎この分野であなたのロールモデルとなる人は誰ですか？
◎あなたのロールモデルとあなたの違いは何ですか？
◎よりロールモデルのようになるために何を達成する必要がありますか？

環境

◎あなたが最も幸せを感じるのはどんな環境ですか？
◎どこの国に住みたいですか？

◎具体的にどの都市ですか？
◎どんな人に近所に住んで欲しいですか？
◎どんな学校に子どもを通わせたいですか？
◎どんな家に家族で住みたいですか？
◎どんな環境であなたが最も幸せを感じるのか詳しく描写しましょう。

スピリチュアル

◎あなたの人生の目的は何ですか？
◎人生で究極のスピリチュアルな意義は何ですか？
◎死ぬまでに成し遂げたいことは何ですか？
◎あなたが幸せを感じられる死の意味は何ですか？
◎この地球で何をするためにあなたは生まれてきたのですか？
◎どんな方法でこの世界をより良い場所にしたいですか？
◎あなたを導いてくれるスピリチュアルな信念を持っていますか？
◎自分のあるべき姿になるためにあなたには何が必要ですか？
◎人生でどんな人間になりたいか究極のビジョンを詳しく描写しましょう。
◎この分野であなたのロールモデルとなる人は誰ですか？

◎あなたのロールモデルとあなたの違いは何ですか？
◎よりロールモデルのようになるために何を達成する必要がありますか？

雑誌から切り抜いたり、インターネットからダウンロードした画像を印刷したり、自分の持つ究極のビジョンに可能な限り近いものを見つけることで、ビジョンを現実的にしましょう。究極のビジョンの画像を貼ることでゴールがよりいっそう鮮明になり、真実味を帯びるのです。

ゴールが的確かどうかを判断するS・M・A・R・Tゴール

さて、ゴールは見えてきましたか？　そのゴールが果たして的確かどうかを判断するステップとして、次の「S・M・A・R・Tゴール」を使って質問してみてください。S・M・A・R・Tゴールのアルファベットは、それぞれ次のような意味を含んでいます。

S（Specific）：具体的な
M（Measurable）：測定可能な

A（Attainable）：達成可能な
R（Relevant）：価値観に沿った
T（Time Sensitive）：期限のある

そのうえで、次のように自分に質問をしてみてください。

S：私のゴールは十分に具体的だろうか？　より具体的にするにはどうすればいいか？

M：ゴールを達成したことはどのようにわかるだろう？　成功したことを証明するものは何だろう？　たとえば、それが収入のゴールであれば、銀行口座明細書の中の何を見るのだろう？

A：このゴールは達成可能だろうか？（大抵の人が10年間で達成できることを過小評価します。長い目で見ればほぼすべてのことが達成可能です）

R：このゴールは自分が最も望むものと関係はあるか？　自分にとって何が最も重要か？　なぜこのゴールを達成したいのか？　自分は何を得ることになるのか？　それを達成したときにどんな気分になるだろうか？　このゴールを達成する目的は何だろう？

図8

人生の輪

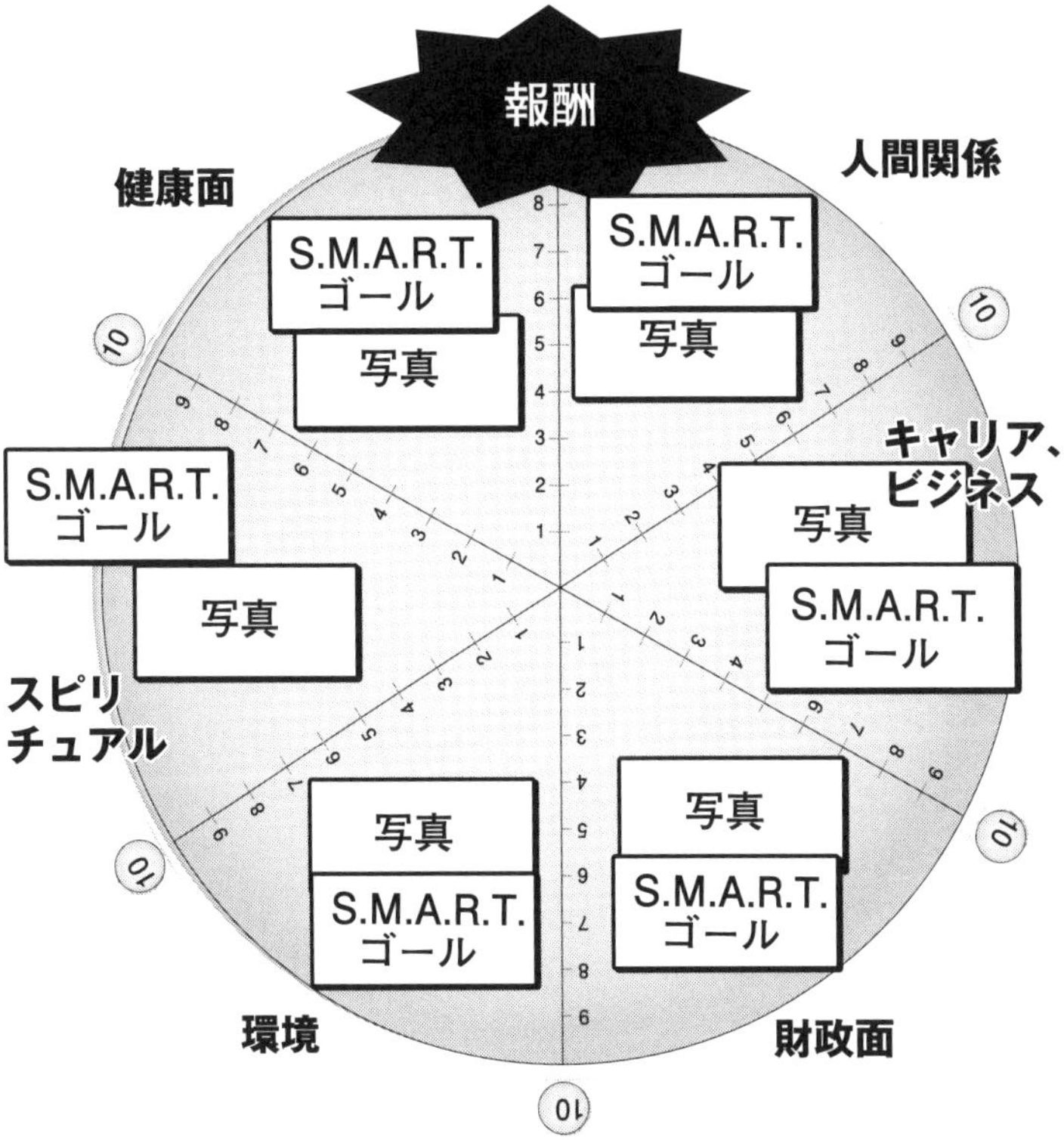

T：このゴールをいつまでに達成したいのか？

あなたもビジョンボード（図8）をプロの方につくってもらってもいいでしょう。そして印刷して壁に貼りましょう。もしあなたのビジョンに画像やゴールがあまりにも多いのであれば、どこへでも持ち運べる独自の夢冊子をつくってみてください。

新しいより優れた大きなビジョンボードの結果

私は以前と同じインカンテーションを毎日繰り返していました。「理想の人生を生きるために何が何でもやっている」と。そして、ビジョンボード上のほぼすべてを達成することができたのです。

私は3つの会社をはじめました。コーチングビジネスは規模が3倍にもなり、インターネットビジネスは私のセミナー、音声プログラムやコーチ認定プログラムの販売によって数百万ドルの収益を上げていました。

著書は5作がベストセラーとなり、このインカンテーションを12カ月連続で行うことによって、私の収入は純利益で年間25万ドルから約１００万ドルに増加しました。

さらに14%あった体脂肪率を9・5%まで落としました。2カ月間で約13kgの減量に成功したことは前章でもお話ししましたね。人生で感じたことのないほどのエネルギーが湧いていました。

インカンテーションとビジュアライゼーションを習慣化

私が自身の成功を説明する理由は、あなたに感心してもらいたいからではなく、究極の成功法則があなたの人生に奇跡を起こしうるということを強調したいからです。

あなたも理想の人生を達成することができるのです。理想のゴールを達成するためにしなければならないのは、この究極の成功法則を実践することだけです。そうすれば、自分の求めるゴールを達成できるだけでなく、もしかすると私の達成した成功をも上回るかもしれません。可能性は無限なのです。

理想の人生を手に入れるために究極の成功法則をあなたにも使うことができると私が言っている理由は、私は特別な存在でも何でもないからです。高い知能を持っているわけでもなく、優秀な遺伝子を持っているわけでもありません。私にはゴールを達成するために何度も繰り返し使っている究極の成功法則があるからです。

重い吃音症を抱えた、学歴のない、最低賃金の肉体労働をしていた男が、成功を手に入れ、セールス、ビジネスコンサルティングの世界的権威であるブライアン・トレーシーに評価される存在になることを誰が想像したでしょうか？　このすべてをあなたに提示している理由は、次に述べる重要なことを理解してもらうためです。

人生で大きな成功と幸福を手にするために最も重要な習慣は、日々モチベーションを起こさせることです。私の人生を変えたのは、毎日最低20分間インカンテーションとビジュアライゼーションを習慣としたことでした。

もし毎日モチベーションを奮い立たせるために何らかの習慣を実践していないのであれば、私が教えている究極の成功法則をあなたは使っていないことになります。

しかし、まだモチベーションだけでは足りません。高いモチベーションを持っていてもゴール達成を妨げるいくつもの難題に直面します。

そこで、次の章では難題の克服、リミティング・ビリーフの排除、成功者を生み出す自信構築に関する心理を探求していきます。

Chapter 3

無意識の障害「リミティング・ビリーフ」を壊す

無意識の奥底で、
私はすでに自分には知的さが足りないと
信じるようになっていたのです。
リミティング・ビリーフとは、
このように自分の可能性を自ら閉じてしまうような
信念、思い込みのことを言います。

「君にそんなことができるはずはないよ」
そうあなたに言ったのは誰ですか？
その人はあなたの限界を定める資格を持つほど、
大きな成功を収めたというのでしょうか？

――ナポレオン・ヒル

リミティング・ビリーフとはいったい何か、私たちの人生にどのような結果をもたらすのか？

この章では、あなたの抱える障害のすべてが無意識のリミティング・ビリーフとどのように結びついているか、リミティング・ビリーフとはいったい何か、私たちの人生にどのような結果をもたらすのかを学んでいきます。

問題の原因やゴール達成の突破口への道を発見するためには、リミティング・ビリーフの知識は欠かせません。

私は中学1年生のときに成績表を受け取りました。その成績表を見ると、落第を意味する「F」が目に飛び込んできました。とてもがっかりしましたが、それよりも「どうして落第したんだろう？」という疑問のほうが私の頭の中を支配していました。そして、私の頭の中から声が聞こえるのです。

「それはおまえに知的さが足りないからだ」

私はそれまでの数年間でとった悪い成績のすべてと、毎年ギリギリで落第を逃れていた自分を振り返りました。そして、こうした過去の経験から、「そもそも自分が賢くないがために、中学1年生で落第してしまったのだ」と結論付けたのです。

それ以前にも、周囲から「おまえはリック（学校でつねに「A」をとっていた義兄）のように賢くないんだ」と言われたことがありました。義兄は優秀で、アメフト選手でもあり、学校で最も人気のある生徒の1人でした。義兄は学校でかわいい女の子たちに追いかけられているのに、私は落ちこぼれの吃音症の子どもで、自分を恥ずかしく思っていました。

このようにつねに恐怖と恥を感じていた結果、この酷い苦痛から逃れるために私にできることは1つしかありませんでした。当時の傷つき、すねた私の心を手軽に高揚させてくれるのは、アルコールと麻薬でした……。

そして高校へは進学したものの、苦痛から私は3年間通うことなく中退することに決めました。「大学に行けるほど賢くない」と考えていたので、そんなゴールを持っても意味を感じなかったのです。もちろん、みんなが口をそろえて「人生において教育は重要だ」と言いますが、私は大卒という柄ではないと思っていたので、そんな私でもなんとかできるだろうと思っていた唯一の方向に進んだのです。

プロローグでもお話ししましたが、最低賃金でゴルフコースの芝刈りをする肉体労働者として働くことです。私の将来はとても暗く、自分自身で何かを成し遂げるなんて想像もできませんでした。

当時、私を知る多くの人は酷いことを言いました。

「おまえは人生の負け犬になるだろう」

「おまえは生活保護者になるだろう」

ジグ・ジグラーは私が18歳のときに参加したセミナーで、「成功とは学ぶことのできるスキルである」という考えを私の頭の中に植えつけたことはすでに述べました。

しかし頭の中の別の声が「本当に自分にできるのか?」と質問しつづけるのでした。無意識の奥底で、私はすでに自分には知的さが足りないと信じるようになっていたのです。自分の中に失敗に対する大きな恐怖心があり、長い間とどまっていたのです。

リミティング・ビリーフとは、このように自分の可能性を自ら閉じてしまうような信念、思い込みのことを言います。私は「自分には知的さが足りない」という無意識のリミティング・ビリーフから自己破壊の呪縛《じゅばく》に囚われていたのです。

中学1年生で落第した男がどのようにして億万長者になり、人生で急成長を遂げることができるのか?

自分には知的さが足りないと思いつつも、私の成功への強い願望が「人を成功に導く原因は何か?」という探求を決してあきらめさせることはありませんでした。

そして、成功哲学、心理学の探求と実践、成功と失敗の数々の経験の中で、ついに脳に関する取り扱い説明書ともいえるテクノロジーを手に入れるときがきました。

脳に関する取り扱い説明書を手に入れたおかげで、私は人生を好転させました。脳がどのように機能しているか発見し、学ぶことで、大成功と幸福に向けて進むように思考を簡単に再プログラムする方法を知ることができたのです。

その方法をまとめたこの本を、脳に関する取り扱い説明書と考えることができます。

成功と幸福のために脳を再プログラムする

脳はまさにギフトです。プラシーボ効果を発見したエミール・クーエの実験が証明したように、脳は自分の望む夢を実現化するパワーを持っています。

脳は1日約10万回心臓を鼓動させていることをご存じですか？　人間の体の中にはおよそ6万マイルの血管がありますが、これは赤道を2周できる長さです。そして、脳は電球を点灯するのに必要な電力ほどの力で動いています。

人間の脳はおよそ1000億の神経細胞からできています。なんと、天の川にある星の数に匹敵すると言われています。それぞれの神経細胞は平均7000シナプスを持っており、すべて合わせると1000兆のシナプスにも及びます。もし人間の脳の全神経細胞をまっすぐに並べると、600マイルにもなると言われています。

あなたの脳は、この地球上で最もパワフルなコンピュータなのです。もちろん、物事を正確に記憶することや複雑な数値計算を素早く行うことに関してはコンピュータのほうが人間よりも優れているでしょう。

しかし、脳はさまざまな形でコンピュータに優ります。たとえば、人はまわりの変化や刺激から情報を統合し、経験、観察や実験によって学び、アウトプットすることができるのです。これはスーパーコンピュータでも再現することができません。

正しく使えば、あなたのスーパーコンピュータを超える脳が、どんな夢も実現可能とするのです。しかし、もしあなたが脳の操作方法を知らなければ、ゴールは夢のままに終わってしまうでしょう。

今こそ素晴らしい脳のすべての力を使って、あなたが主導権を握るときではないでしょうか。

顕在意識と潜在意識の大きな違いは行動をコントロールする割合

脳の主導権を得るためには、まず理解しなければならないことがあります。

脳は2つの部分からできています。

顕在意識と潜在意識です。

潜在意識とはいったい何なのでしょう?

潜在意識を表すのによく用いられる例といえば氷山です（図9）。氷山を見ると、水面より上部は見えますが、水面下は見えません。水面上に顔を出している氷山の一角が顕在意識で、水面下に沈んでいる氷山の大半が潜在意識であると説明されます。

潜在意識にはマインドの中で自動的に、かつ無意識的に起こるプロセスが含まれます。そして、感情と行動をコントロールするプロセスも含んでいます。しかし、たとえこれらのプロセスが顕在意識の表面下に存在したとしても、このシステム化されたプロセスは顕在意識を使って再プログラムすることができます。

図9

それでは、顕在意識とは何でしょう?

顕在意識とは、その瞬間に焦点を合わせているものです。焦点を合わせているものが何であれ、それはあなたが意識しているものであり、顕在意識を構成しているのです。それ以外すべてのものは無意識なのです。

顕在意識と潜在意識の大きな違いの1つは、私たちの行動に対してそれぞれが持っているコントロールする割合です。

ほぼすべての行動は、潜在意識にコントロールされている

潜在意識は顕在意識よりも何倍もパワフルです。それはなぜでしょう? ほぼすべての行動は、潜在意識にコントロールされているからです。実際に、潜在意識は人生のすべての出来事を無意識に解釈するシステムを持っているのです。

これは、あなたが本当にゴールを達成したい場合や困難な障害に直面した場合など、どんな状況においてどのように感じ、どのように行動するか、潜在意識はより大きな影響を与えることを意味しています。顕在意識だけを使ってゴールを達成しようとしても、空回りをしてどこにも辿《たど》り着けないでしょう。

ロイ・バウマイスターの調査（1998年）によると、日々の行動の95％が自動的に起こっていて、たった5％が意識的なものだという結果が出ました（図10）。

全行動の95％が潜在意識のプロセスから起こっているということは、私たちは脳に自動操縦されているということです。だったらどうしようもないじゃないか、と思う人もいるかもしれませんが、それを逆手に取れば、つまりどのように機能しているかを理解すれば、私たちは無意識のプロセスを即座にコントロールすることができるようになるのです。要するに、ゴールを達成し理想の人生に向かって前進することができるのです。

無意識をコントロールするために知っておくべき基本システム

無意識をコントロールするための方法の詳細をお話しする前に、まず全体像を説明しましょう。

図10

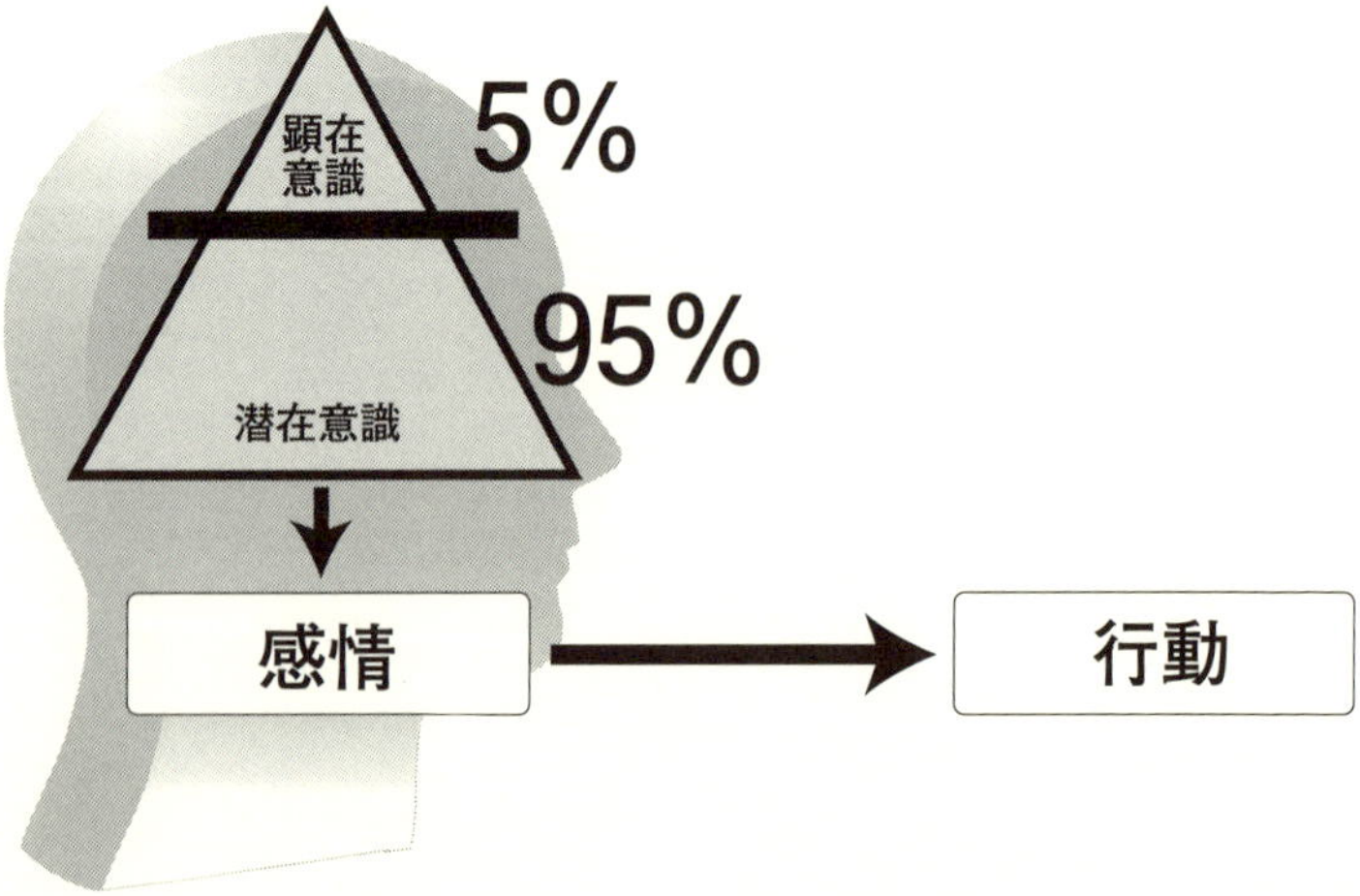

人間はゴールに向かって物事を開始しようとすると、第1段階としてゴールの達成を阻止する何かしらの「障害（リソースの不足）」に直面します。

そして第2段階に至ると、障害について考え、質問を投げかけ、もしくは何か画像化するなどして内的再表現（視覚、聴覚、体感覚、内的対話による頭の中で起こる内部表現）をします。「これは自分にとって何を意味するのだろう？」という質問に答えようとするからです。

この質問に対する自分なりの確信めいた答えを得るために、次は第3段階の「ビリーフ（信念）」へ行きます。

「これは痛みなのか、それとも快楽なのか？」

障害に対するあなたの持つビリーフが痛みか快楽かを判断します。

つまり、あなたのビリーフが、出来事に対する意味付けを開始し、第4段階である「感情」を動かします。もし障害が痛みを意味するのであれば、ネガティブな感情を抱くでしょう。もし障害が何か良いものを意味するのであれば、あなたはポジティブな感情を抱くでしょう。

感情がもたらすのは、第5段階の「行動」です。行動をコントロールするのは感情です。やめるのか、それともやりつづけるのか？　解決法を考えるか、それともすぐに得られる快楽に逃げるか？　繰り返しになりますが決断（行動）は、主に感情によってコントロールされているのです。
それでは、プロセスのそれぞれのステップをさらに詳しく説明していきましょう。

無意識をコントロールするためのステップ1　障害

そもそも障害とは何でしょう?

私たちのゴールの達成を阻止する問題です。すべての障害は次に挙げるような「リソース不足」にすぎません。

◎知識不足　◎スキルの欠如　◎知的さの欠如
◎自信の欠如　◎資金の欠如　◎時間不足
◎人手不足　◎経験不足　◎モチベーション不足
◎規律の欠如　◎一貫性の欠如　◎愛情の欠如

自分にとって痛みか快楽のどちらかを意味付けする大きな出来事が起これば、それはトリガー（引き金）となります（反応を促す刺激となるので、トリガーと呼ばれます）。人生での重大な出来事に反応するたびに、私たちは「これは痛みなのか、それとも快楽なのか？」という質問につねに答えなければなりません。

【私の場合】

私は中学1年生のときに落第しました。この出来事によって、自分の人生で今後何が起こるのだろう、義理の両親は何と言うだろう、と考えさせられました。

これが、重大な出来事を解釈するという第2段階を引き起こす障害の一例です。

無意識をコントロールするためのステップ2　内的再表現

多くの人は目に見えるものが現実だと誤って信じています。しかし、それが真実からかけ離れていると証明する十分な調査結果があります。私たちは現実そのものを見ているのではなく、その代わりに自分のマップ（思い込み）を通し、頭の内で再表現された「主観的現実」と呼ばれるものを見ているのです。

再表現するということは、私たちは現実そのものを見ているわけではなく、私たちの解釈が加わった現実を見ていることになります。人は現実をそのまま捉えることができません。その代わりに、自分のマップを通して現実を歪曲してしまうのです。

ここで重要なのは、「その画像なり映像は、外部の現実を正確に反映しているか?」ということです。非常に多くの場合、人は現実をそのまま捉えることができません。その代わりに、現実を歪曲してしまうと私は考えています。

2つのエクササイズで脳の情報処理能力を見極める

内的再表現は次のようにさまざまな形で行われています。

◎視覚：過去や未来の出来事を視覚的に再表現するという意味です。頭の中に画像を描いたり、経験したことを動画にして見たりします。過去の出来事を視覚的に思い出したり、まだ経験していないことを視覚的につくり出します。

◎聴覚：経験を耳で聞くことで再表現できます。誰かがあなたに何かを言っている声が聞こえたり、車の事故の音が聞こえたりするかもしれません。聴覚的に思い出したり、想像力を使って新しい音をつくり出すことができます。

◎体感覚：人は出来事を体の中で感じながら再表現することができます。たとえば、恐怖で胃けいれんを感じるときなどです。

◎内的対話（内部聴覚）：自分に何かを言ったり、質問したり、言葉を繰り返したり

(アファメーション、インカンテーション)、物語や喩《たと》えを使ったりすることで経験を再表現することができます。

何かを内的再表現するプロセスにおいて、人間はさまざまな情報を削除しています。そのプロセスを証明するために、いくつかのエクササイズを行いましょう。

イラスト1の女性は何歳でしょう?

若い女性と年をとった女性の両方を見つけてみてください。

若い女性は肩越しに向こう側を見ています。彼女の喉《のど》のあたりにある細い黒線はリボンを表しています。若い女性の細い顎《あご》のラインは、年老いた女性の大きな鼻になります。年老いた女性は、左を向いてわずかに下を見ています。若い女性の首にあるリボンは、年老いた

イラスト1

女性のわずかに開いた口になっています。

私がお伝えしたいことは、人間は自分の経験からたくさんの情報を削除し、現実そのものではなく、自分の認識している〝誤った現実〟を基に意味を形づくっているということです。

英国ブリストル大学教授で心理学者のリチャード・グレゴリーの調査によると、目にはたくさんの情報が届くものの、その多くは脳に到達するまでに失われているそうです。グレゴリーは情報の90％が失われていると推定しています。したがって、私たちは目にするものを過去の経験を基に推測しなければなりません。私たちは推測することで現実に対する認識を築き上げているのです。

では次にイラスト2をご覧ください。何が見えますか？もしかすると、黒い文様がデタラメに並べられているように見えるかもしれません。

実は、この中には隠れた顔があります。見えますか？顔はまっすぐ前を見ていて、イラストの上半分の中

イラスト2

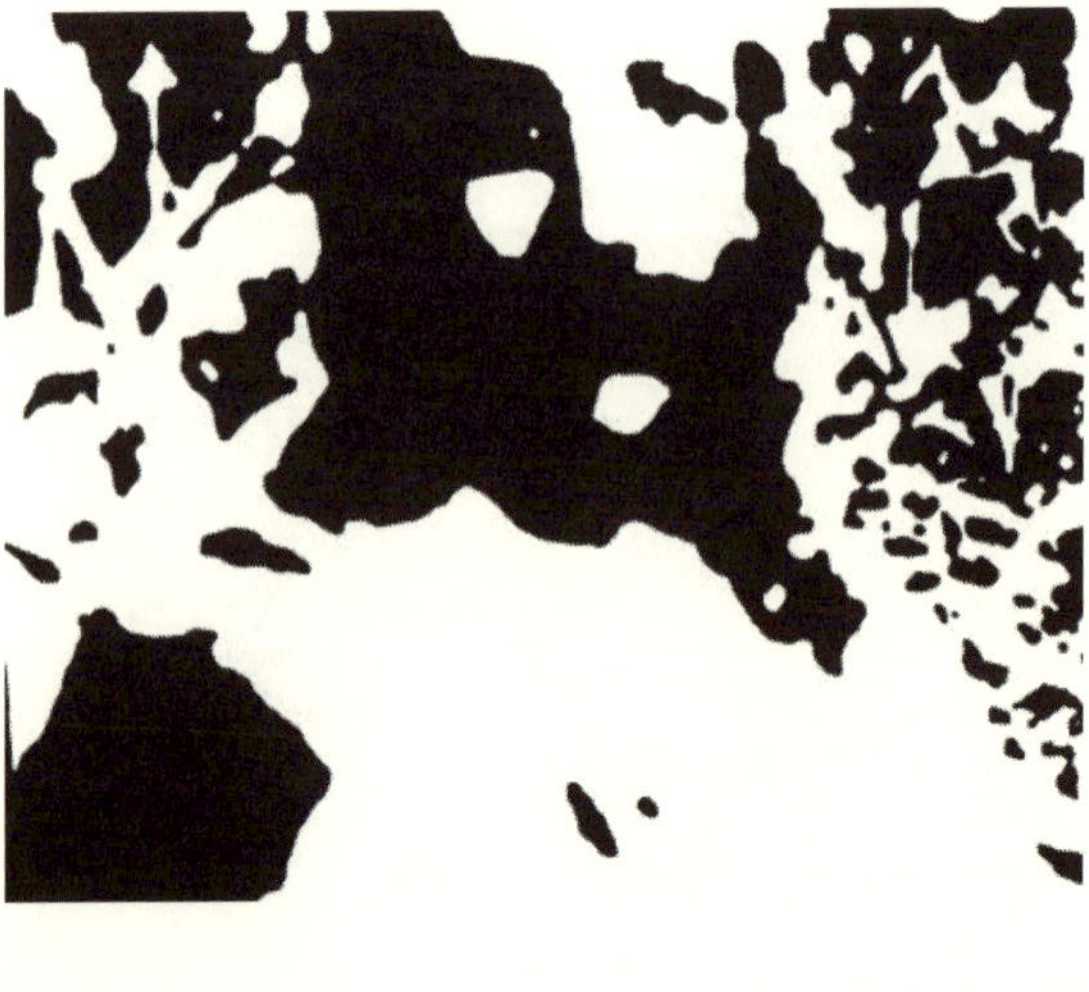

心部分にあります。顔がわかるとすぐに「急速な知覚学習」が起こり、次にこの絵を見たときには顔が自然に見えてきます。

以上の2つのエクササイズの重要な点は、情報を五感というフィルターにかけると、人はまわりの環境から情報を削除してしまうということです。

どれほどの情報を削除しているのか？

ＮＬＰ（神経言語プログラミング）の創始者であるリチャード・バンドラーからＮＬＰについて学んでいたとき、人間は1秒間に約２００万ビットもの情報が五感を通して入ってくるのだと教わりました。しかし、そのうち1秒間に１３４ビットの情報しか処理できないそうです。先ほど、視覚に飛び込む情報の90％が脳には伝わっていないという話をしましたが、同様のことを言っていますね。

ということは、多くの情報が私たちの経験から削除されているということです。私たちの感覚能力でさえ制限されているのです。人間は自分の手元にある情報を使ってビリーフをつくり上げます。そして、そのビリーフから意味をつくり出すのです。

したがって、私たちが知らない（削除してしまった）情報だけが問題なのではありません。それに加えて１３４ビットの中に私たちにとって問題を引き起こす可能性のある情報を含んでいることも問題となりえるのです。

自分に何と言い聞かせても、どんなイメージをつくっても、どんな質問を問いかけても、すべてがビリーフに影響を及ぼすのです。

【私の場合】

中学1年生で落第した経験について考えはじめたとき、頭の中に成績表が浮かびつづけました。それだけでなく成績表のFを見ながら、私は自分に「きっと、自分には知的さが十分ではないんだ」と言い聞かせたのです。

無意識をコントロールするための ステップ3　ビリーフ（信念）

人生での出来事の意味を形成するのに、ビリーフが非常に重要な役割を果たします。ですので、まずは「ビリーフとは何か?」を考えてみましょう。

ビリーフとは何かを熟知するために理解が必要な3つの重要な要素として「①マップ」「②向かっていく」「③確実感」があります。

私はいつもテーブルを喩えに使って、それぞれの要素を説明しています。

自分が知的だと信じている人のケースを見てみましょう（図11）。

まず、ビリーフがテーブルの天板上に書かれているとします。

①マップ

ビリーフとは、人生において決断を下すよう導くために過去の経験から築き上げたマップ（案内図）にすぎません。図11でわかるように、もし自分が知的であると信じているのであれば、これがその人の持っているマップです。マップは聴覚や視覚を使って再表現されています。おそらく、この人は自信を持って「私は知的だ」と自分自身に言ったり、知的なイメージをつくり出しているかもしれません。

②向かっていく

このようなビリーフ（マップ）の目的は、私たちを痛みから遠ざけて、快楽に向かうように導くことです。知的であるということは、その人自身に高い自尊心を感じさせます。それがワクワクするゴールを達成するために必要な資質をより高めるのです。

③確実感

私たちのビリーフは確実感という強い感覚と結びついています。自分が知的であることを確信しているのは、それを証明する過去の経験があるからです。それぞれのテーブルの脚はこの人が知的であるというビリーフをサポートする証拠や過去の経験を表しています。

私たちは自身の世界観マップを形成する何千ものビリーフを持っています。それぞれのビリーフは、私たちのマップを形成する一片なのです。このマップはゴール達成に向けて進むべき方向に自分を導くために使うものであり、拠《よ》り所となる土台なのです。

一方、障害にぶち当たるなどゴール達成に苦闘しているということは、世界観マップの重要な一片が欠けてしまっていることを意味します。

自分の望む変化をもたらそう、もしくは心から望む重要なゴールを手にしようとがんばっていたにもかかわらず、苦悩やあきらめに押しつぶされそうなときは、自分の世界観マップを一片が欠けているパズルだと考えてみてください。もしくは、あなたの世界観マップが間違っていて、間違った方向にあなたを導いてしまっているかもしれません。

図11

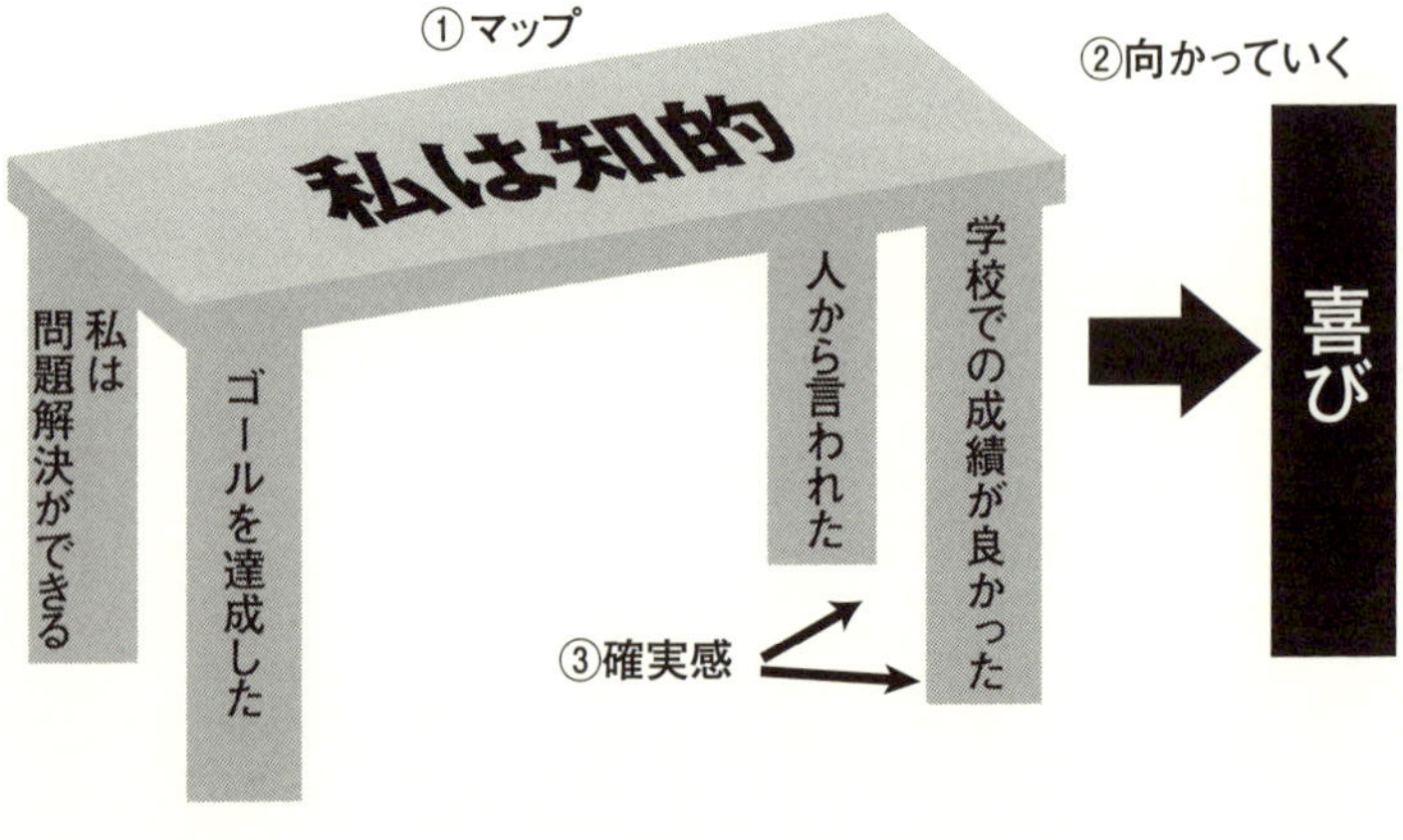

それはつまり、リミティング・ビリーフ（制限している信念）を持っているということです。

リミティング・ビリーフ

経験から情報を削除した結果、人は起こった出来事を誤って頭の中で再表現してしまい、誤った意味付けをすることがあります。その結果、リミティング・ビリーフが形成されるのです。リミティング・ビリーフは、あなたにゴールと理想の人生の達成をあきらめさせることになります。

リミティング・ビリーフとは、過去の経験の誤った解釈をもとに意味付けされた、出来事に対しての確信の高い思い込みのことであることは本章の冒頭でお話ししました。

一旦リミティング・ビリーフがつくり上げられると、それをただの解釈としては考えなくなり、現実を正確に表現したものと考えるのです。だからこそ、リミティング・ビリーフによって人生が制限されたとしても、多くの人は自分のリミティング・ビリーフを守り抜こうとするのです。彼らは、リミティング・ビリーフが真実だと確信しているからです。

真の問題は、一旦リミティング・ビリーフを受け入れてしまうと、めったに疑問に思わなくなるということです。

リミティング・ビリーフの例として次のようなものが挙げられるでしょう。

◎知的さに欠ける。

◎十分な教育を受けていない。

◎お金を稼ぐにはお金が必要だ。

◎怠け者だ。

◎以前試したがうまくいかなかった。

◎力不足だ。

◎スキル不足だ。

◎魅力に欠ける。

◎それは簡単ではない。

◎私にはできない。

【私の場合】

私は「自分は知的さに欠ける」と結論付けてしまいました。私が知的さに欠けるという考えをサポートする十分な証拠があるように思われたのです。

まず、私は中学1年生で落第したこと。そして、私はいつも学校では悪い成績をとっていたこと。さらに、私は暗記することがあまり得意ではないと思っていましたし、人から頭が良くないと言われていました（図12）。

歪曲の原因

人間がどれほどのデータを無意識のうちに削除しているかに関してはすでにお伝えしました。結果として、私たちは頻繁に自身の経験を誤って解釈し、さらに誤った意味付けをして、リミティング・ビリーフをつくり出してしまうのです。

痛みや快楽を経験すると、いつでも脳はその出来事に意味付けするために証拠を探そうとします。

その中でもとくに探そうとしてしまうのが、「珍しい経験」と「一貫して起こっている経験」です。

たとえば、私の9カ月の娘は歩けるようになってきました。歩き方を学ぶ過程で彼女は何度か転び、怪我をしました。その結果、1人で歩こうとするときにはより慎重になりました。

この場合、彼女の痛みであり、「珍しい経験」でもあることは何か？

答えは自分1人で歩こうとすることです。自分1人で歩こうという普段とは違った出来事に彼女は痛みを感じるのです。

次に何が「一貫して起こっている経験」なのでしょうか？

答えは、はじめて転んだとき、彼女はすぐに転んだことに痛みを結びつけたわけではありません。しかし、二度目

図12

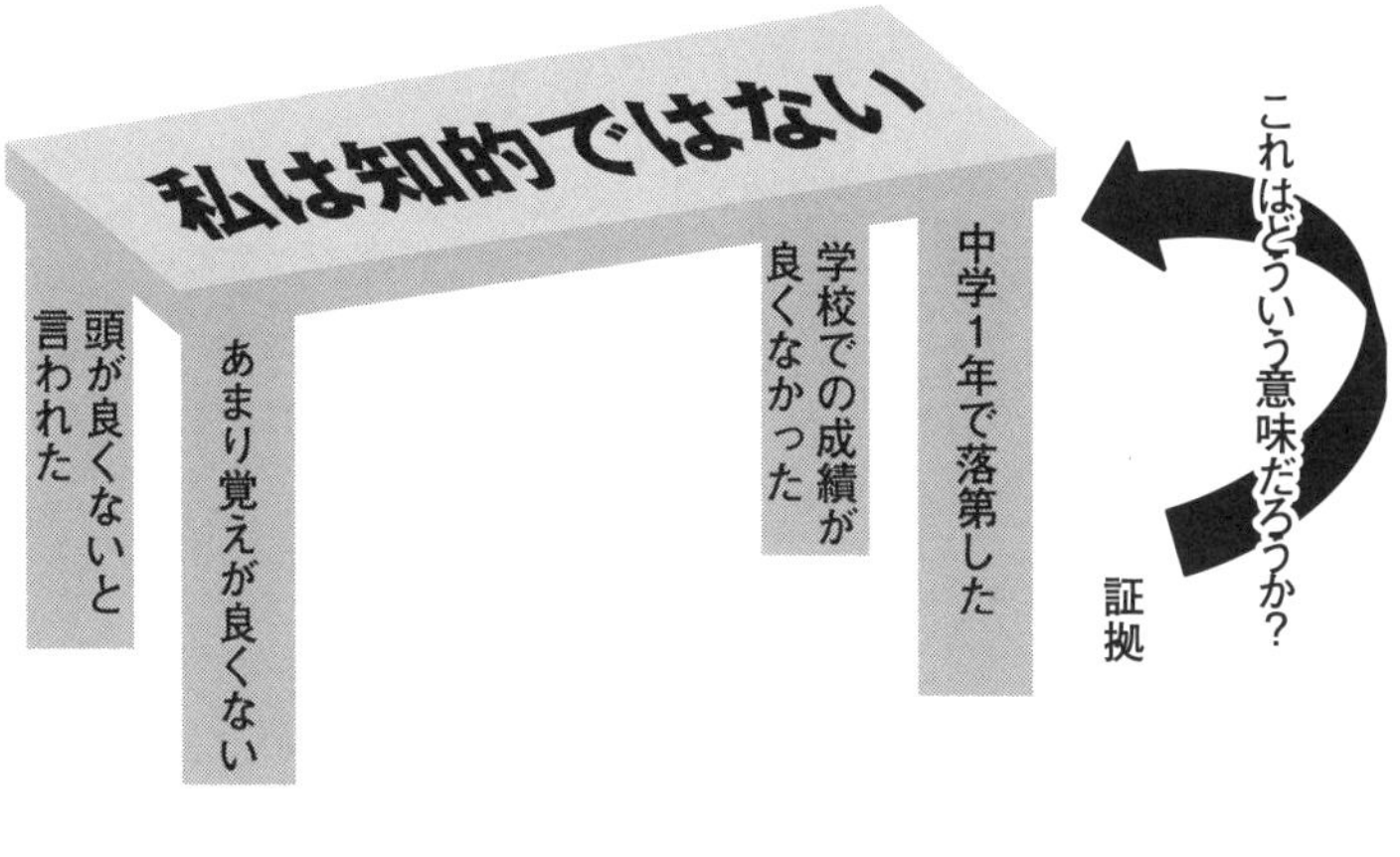

と三度目には、1人で歩くことによって痛みが生じると信じるようになりました。この「珍しい経験」と「一貫して起こっている経験」の2つを結びつけて、すぐに彼女は1人で歩くことに対して、より気をつけるようになったのです。

私自身の経験もお伝えしましょう。

私が身長約2メートルの世界的に有名なコーチに会ったときのことを考えてみましょう。私は、彼の成功は身長の高さによるものだと誤った解釈をしました。彼の高い身長が私にとって「珍しい経験」だったからです。この世界的に有名なコーチとほかの人を比べたとき、背の高さが彼の素晴らしい成功の要因であると思えたのです。

今となれば、馬鹿げているように思えますが、当時はその解釈が正しいと思えたのです。ただ単に私個人の経験からだけではなく、身長の低い人よりも高い人のほうが高い収入を得ているという記事を読んだことで持ってしまった先入観などもあり、「一貫して起こっている経験」となって、私のリミティング・ビリーフを証明する一貫性が生まれました。すなわち、このリミティング・ビリーフを含んだ私のマップをサポートするもう1つの脚ができたのです。

このようにしてリミティング・ビリーフはつくり出されます。私たちは情報を削除し、痛みと快楽の因果関係を単純化しすぎます。

一般化の原因

ここまでお話ししてきたように、私たちは、無意識のうちに情報を削除、歪曲、そして一般化しています。

それでは、一般化はどのように起こるのでしょうか？

経験からすべての情報を手に入れたと信じたときに一般化は起こります。つまり、私たちは情報の削除に無意識ということです。問題なのは、原因と結果の誤ったつながりを一般化するときです。私たちはいわゆる現実の歪曲を通して痛みを感じかねません。

たとえば、サクセスコーチになるためには背が高い必要がありますか？

もちろんそんなことはありません。私はこれまでに、１５２センチから１７８センチの身長で素晴らしいコーチングのキャリアを築いた方にたくさん出会いました。

事実と認識には大きな違いがあることを覚えておいてください。人間には、自分の経験に対してリミティング・ビリーフの原因となる意味付けをして、さらに一般化する傾向があります。すべてのリミティング・ビリーフには、痛みを伴う結果がもたらされます。そして、人生で次のレベルの成功に向かうことを阻止する大きな障害となるのです（図13）。

ビリーフに関する重要な点は、ほとんどの人がビリーフを真実として捉えていることです。思考は正確な現実の反映だと私たちは確信しています。「自分には知的さが欠ける」と考えたとき、私はこれが真実だと信じ、長年にわたって疑問にも思いませんでした。証拠があればあるほど、自分の持つビリーフに対して疑う余地がなくなるのです。それが最終的に確信となるのです。確信とはとても高いレベルの確実感で、誰かが疑うと腹を立ててしまうほどのものです。

力を与える内容へ意味付けし直す

どんな状況においても良い気分になる秘訣は、今まで経験したいかなる出来事にも力を与える意味付けをすること、そして幸せになろうと決断することです。

日本でのセミナーのあと、ある女性が自分の死に対する大きな恐怖について話しかけてきたので、私は「人生の目的とは何だと思いますか？」と彼女に尋ねました。

「もちろん、幸せになることです」と彼女は答えました。

「私がセミナーの中で言った、痛みを感じさせることがあるということは、リミティング・ビリーフを持っているということだということに同意しますか？」

「はい、同意します」

図13

成功コーチとなるには
背が高くなければならない
証拠
世界で最も有名なコーチは、身長約2メートル
背が高い＝インパクト
本に書いてあった
背が高い人は自信がある

「では、もし死というものがあなたに恐怖を感じさせているのであれば、あなたはリミティング・ビリーフを持っているということです。死はあなたにとってどんな意味がありますか？」

「私という存在の終わりです」

「どうしてわかるのですか？」

「よくわかりませんが、私はそう信じています」

「どうしてそう信じるようになったのですか？」

「いつもそう信じていただけです」

「いつも？」

「ええと……、子どものころからです」

「あなたはこのビリーフを持って生まれてきてはいませんよね？　ではどうしてそれを信じるようになったのでしょう？」

「私の両親が死後の世界を信じていなかったのです。だから私もその信念を受け入れたのです」

「もし、あなたの両親が間違っていたらどうしますか？　もし死後の世界が存在したらどうしますか？」

「その可能性もあると思います」

「死後の世界が存在するかを確かめるにはどんな方法があるでしょうか？」

「死んで生き返ったことがあるという人に尋ねればいいのですか？」

「死んで生き返ったことがある人の本を読んだことがありますか？」

彼女はないと答えました。

「おそらく、それこそがあなたのやらなければならないことでしょう。私は死んで生き返ったことのある人の本を読んだことがあります。そこにはトンネルの中の光を見たときに至福を感じたと書いてありました。生き返るまでに天国と呼ばれる場所を十分に体験する数分間の死を体験した人もおり、死後の世界はこの世のどんな経験とも比べ物にならないと言い表していました。死後の世界では完璧な状態を感じたということなのです。死を体験し、完全なる至福を感じ、そして生き返ってからその体験を伝えてくれた人の話は何千とあります。彼らの話は非常に信憑《しんぴょう》性のあるものでした」

それから私は、「もし、あなたが死後の世界を信じはじめたらどうなりますか？　死後の世界の完全なる至福を感じることを楽しみにしはじめたらどうなりますか？　今はどう感じますか？」と質問しました。

「ワクワクすると思います」と彼女は言いました。

話しながら彼女の顔はパッと明るくなりました。リラックスしはじめ、心が穏やかになったようでした。

重要なのは、何であれ出来事に持たせる意味が、感情を決定するのです。どんなリミティング・ビリーフも真実ではなく、現実を反映していません。リミティング・ビリーフは雑草のようなものです。ポジティブなビリーフを排除し、素晴らしいゴールの達成と幸福を手に入れることができるという考えを阻止するのです。リミティング・ビリーフは私たちの邪魔をする無意識の障害なのです。そして、疑いを持たない限り頭の中に永久的な問題として残るのです。

ブレイクスルー（現状を打破し、躍進すること）は内的対話から起こります。リミティング・ビリーフをサポートしている脚を破壊する質問をするとき、すべての突破口が開けるのです。そして、リミティング・ビリーフを変えると、私たちはさらなる成功と幸福を手にすることになるのです。

無意識をコントロールするためのステップ４　感情

リミティング・ビリーフによって即座にネガティブな感情が湧き上がります。失望、恐怖、圧倒、無力、不満などの感情を感じるときはいつでも、無意識のリミティング・ビリーフを持っているんだという内なるシグナルを受け取っている証拠です。

多くの人は自分自身のリミティング・ビリーフを認識していないので、リミティング・ビリーフの源、つまりどこから生まれているのか気づいていません。だからゴール達成から遠ざける障害によって行き詰まってしまうのです。

リミティング・ビリーフがつくり出すネガティブな感情は一瞬、一過性のものではありません。一生にわたってネガティブな感情を引き起こします。

たとえば、私が中学1年で落第したとき、「自分には知的さが足りない」というリミティング・ビリーフを持ったことでゴール達成に必要なはずの自信に負の影響を与えました。成功スキル（ゴールを設定し、達成する能力）を学びはじめたとき、私はすぐに失敗するのではないかという不安を抱きました。「自分に本当にできるのか？」「もし失敗したらどうしよう？」と思ったのです。私には自信が欠けていたのです。

ネガティブな感情が湧き上がるとき、結果として自分に才能がないと感じてしまいますが、これが問題の真の原因なのです。

ではどうするか？

先ほどの死を極端に恐れていた女性に対して私が行ったように、テーブルの脚を破壊するポジティブな意味付けをするのです。

無意識をコントロールするための ステップ5　行動

ゴールを達成し、成功するためには、リソースを最大限に活用しなければなりません。これをリソースフルネス（機知に富むこと）と呼びます。リソースフルネスとは勝者の資質です。人生において困難な障害に直面したとき、リソースフルな状態にしなければなりません。

考えてみてください。障害に直面したときに、失望した人と決断している人の行動にはどんな違いがあるでしょうか？

過去に、私はあるゴールの達成をあきらめてしまったことがあります。障害に直面したときに、リミティング・ビリーフのせいで私は粘り強さを持てなくなってしまいました。それは単に自分が成功への道を見つけられるほど賢くないかもしれないと恐れていたからです。

ゴール設定をしても途中であきらめてしまうことが人生においてパターン化していたのです。その当時は私の行動の原因が無意識のリミティング・ビリーフから来ているとは思いもよりませんでした。

失望を感じている人の多くはあきらめるか、うまくいかないのに同じことをやりつづけるか、どちらかを選択します。しかし、障害を「決意のレベルを2倍3倍にするための課題」と解釈する人は粘り強くやり通すのです（図14）。

ほとんどの人は粘り強さが成功の秘訣の1つだとわかっています。粘り強くなる秘訣は自分の行動をコントロールする能力を持つことです。行動をコントロールする能力を発揮するには、人生での出来事の解釈をコントロールすることが重要なのです。

人生で求めるすべてを阻止する障害は、自分にはリソースがないと感じつづけさせるリミティング・ビリーフに気づいていないときに生まれます。それは、成功と幸福をもたらすために脳の4つのリソース（視覚、聴覚、感情、内的対話）を使っていないという意味なのです。

マップは現実ではないということを、決して忘れないでください。マップは現実そのものではなく、現実を再表現しているだけなのです。さらなる成功と幸福から人を遠ざけようとするのが内なるリミティング・ビリーフなのです。

図14

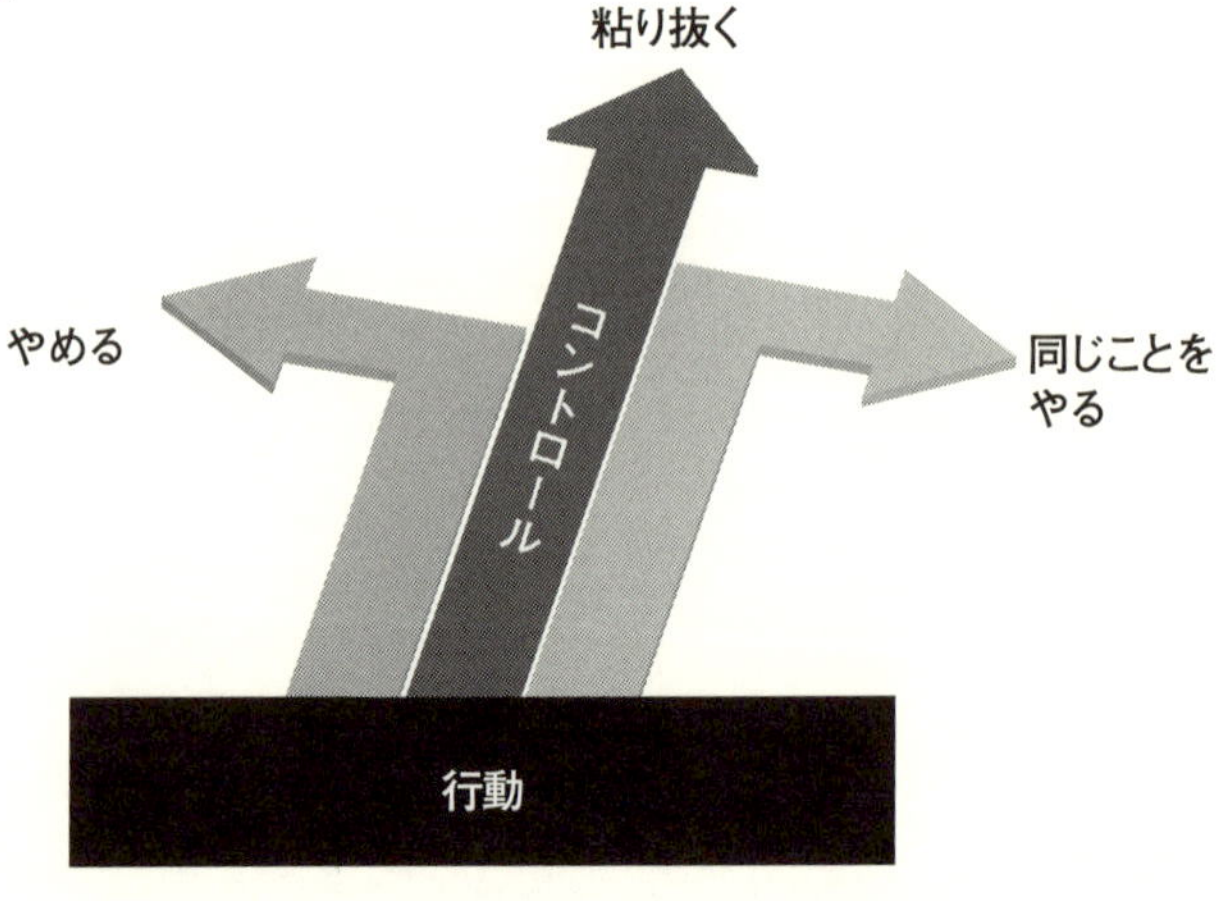

Chapter 4

生き方に急激な変化を起こす行動

変化は物事が
何を意味しているのかを理解し、
それに対してどう行動するのか
揺るぎない決断をした瞬間に起こります。

過去ばかり振り向いていては駄目だ。
自分がこれまで何をして、
これまで誰だったのかを受け止めたうえで、
それを捨てればいい。

——スティーブ・ジョブズ

人生において短期間で大きな変化を起こすための一般原理

この章では最初に、人生において短期間で大きな変化を起こすための一般原理について説明します。変化は迅速に起こりますが、永続的な変化には、変わると決断すること、そしてその方法をマスターすると決断することが必要だとわかるでしょう。

変化しなければならないにもかかわらず、それを阻止しようとするネガティブな感情のパターン認識と、そうした障害を乗り越える秘訣を学んでいきます。

では、この原理原則を簡単でわかりやすいラピッドチェンジフォーミュラ（急激な変化を起こす法則）の7つのステップにまとめてみましょう。

ステップ1　ワクワクする結果と障害を認識する。
ステップ2　リミティング・ビリーフを特定する。
ステップ3　即座に大きく感じる痛みをリミティング・ビリーフと結びつける。
ステップ4　リミティング・ビリーフを壊して、力を与える信念と置き換える。
ステップ5　即座に大きく感じる快楽を、新しい力を与える信念と結びつける。

ステップ6　新しい力を与える信念を試す。
ステップ7　新しい習慣をつくり出す。

これらを個別に解説していく前に、変化を一瞬にして起こすことは可能なのかどうかを考えてみましょう。

タイのバンコクにおいてNLPのコースを教えているときに、私は参加者に質問しました。

「この中で、もう必要のない行動や感情を変えたいという人はいますか？」

ある男性が手を挙げて言いました。

「私はタバコをやめたいのです」

その男性と20分間話したあと、彼は禁煙をする決意をしました。

なぜ、こんなに短い間に変化が起きたのでしょう？　おそらく参加者は不思議に思ったでしょう。そして、この変化が長期的に続くものなのか疑問に思ったことでしょう。

その男性と会話をしてから2年以上経ちますが、彼はこのとき以来一度もタバコを手にすることなく、健康的な男性に変わっています。

短時間で永続的な変化を起こしたのです。

ネガティブな習慣には瞬時に感じられる大きな痛みを、ポジティブな習慣には大きな快楽を結びつける

非常に多くの人が、「変化するには長い時間を要する」と言いますが、先ほどのタバコをやめた男性のように変化は一瞬で起こります。変化は物事が何を意味しているのかを理解し、それに対してどう行動するのか揺るぎない決断をした瞬間に起こります。

タバコをやめた男性を例にして具体的に説明しましょう。

喫煙が彼にとってどういう意味を持っていたかというと、快適さとリラックスという快楽を意味していました。痛みと快楽の結びつきがすべての行動をコントロールしていることは第1章で述べましたが、私は彼の喫煙に対する意味付けを変えたのです。つまり、彼は喫煙を考えると瞬時に大きな痛みを連想し、禁煙を考えると瞬時に大きな快楽を連想するようにしたのです。

そもそも彼にとって最も重要なことは、より多くの収入を得ることでした。そこで、禁煙を収入の増加と結びつける手助けをしたのです。私は彼の人生で最も重要なゴール（収入を増加させること）、つまり瞬時に連想できる大きな快楽を禁煙と結びつけられるように手助けをしました。禁煙という、自分の行動をコントロールする能力が成功への秘訣であ

るという意味を植えつけたのです。

禁煙を決意し、やり遂げることで、自分の行動をコントロールする能力に確信を持ち、最も重要なゴールである収入を増加させる行動に自信を持って向かうことができました。結果的に、彼はたったの3カ月の間に46％も収入を増やすことができたのです。

このように、ネガティブな習慣（喫煙など）を排除したいときは、瞬時に感じられる大きな痛みと結びつけ、ポジティブな習慣を大きな快楽に結びつけることが重要です。

自分が変われる、しかも今すぐ変われると信じなければならない

タバコをやめた男性は、それがきっかけで自分の人生を自分の意思でコントロールできるんだという自信を深めたはずです。今後立ちはだかるであろう夢への障害になるような習慣についても、同じように変えることができるでしょう。

なぜなら、彼は「今すぐに変われる」というビリーフを持つことができたからです。この「今すぐに変われる」というビリーフは、急速に変化を起こすためには必要不可欠なものです。

たとえば、最近私のセミナーに参加した人がセミナー後に彼の抱える吃音症について

相談に来ました（私は出会うすべての人にどのように吃音症を治したのかいつも尋ねられます。彼らは「永続的な変化を起こすには何をする必要があるか？」を知りたがっています）。

「吃音症を変えられると信じていますか？」

私は彼に尋ねました。

彼は自分にできると信じていませんでした。私は彼がたったの数分間で吃音を止められると信じさせなければなりませんでした。彼の後ろには私と握手や話をしたい人が長い列をつくって待っていたからです。

私は3つの質問をすることで、吃音を止められると彼に信じさせました。

まず私は「あなたはいつも言葉に詰まりながら話しますか？」と尋ねました。

「いいえ」

「何％ぐらい言葉に詰まって、何％ぐらい普通に話せますか？」

「約20％は言葉に詰まっています」と彼は答え、「80％は普通に話しています」と続けました。

「それでは、言葉に詰まるときとそうでないときの違いは何だと思いますか？」

「恐怖を感じるときにのみ言葉に詰まります」

「なるほど、あなたは吃音症ではありません。ただ感情のコントロールに問題があるのです。それは、あなたがまだその方法をマスターしていないということなのです」

吃音を止める可能性を意味する感情のコントロールを身につけることができると気づいたとき、彼の表情ががらりと変わりました。

こうした質問をするだけで自分は変わることができると彼に信じさせることができたのです。

まずは自分が変われると信じなければなりません。そして、今すぐに変われると信じなければならないのです。

吃音症を抱えた人は自分の感情をコントロールするんだという揺るぎない決意をした瞬間に吃音を止めることができます。恐怖を感じるのではなく、自信、リラックス、愛のどれかを感じるようになればいいのです。リソースフルな状態であれば、人は普通に話すことができるのです。

痛みは成長に必要なモチベーションを与えてくれる

急速に変化を起こすための最も重要なカギが、快適さがモチベーションを失わせているという事実を理解することです。

どうして快適さがモチベーションをなくさせるのでしょう?

人が人生で痛みを体験すると、そのあと瞬時に気分が良くなる快楽を選択し、痛みから逃れようとしてしまいます。瞬時に感じられる快楽とは、アルコール、麻薬、食べ物、テレビ鑑賞、ネットサーフィン、睡眠などですぐに痛みを避けようとすることです。

たとえば、10年前にタイのある島に住んでいたとき、私はアルコールに頼っていました。過度に摂取し、酷く落ち込んだものです。そのせいで自らの命を絶つことさえ考えていました。より良い人生のビジョンがまったく見出せないでいたのです。理想の人生の設計と創造にフォーカスせずに、これからどうやって生き抜こうかと必死になっていました。

瞬時に感じられる快楽に溺《おぼ》れることで発生する問題は、痛みをなくすときにモチベーションも一緒になくしてしまうことです。モチベーションがなくなった瞬間に、人生の重要なゴールに向かって前進しなくなってしまうのです。

そもそも、瞬時に感じられる快楽で継続可能なものはありません。快適さが人生で最大の目的である人は、最終的に肥満、無一文などの不幸の道を辿ることになります。快適さに溺れた結果、それが習慣となり、怠惰な生活、問題の先延ばしやモチベーション不足につながり、本当に望むべき結果が出せなくなります。

しかも、困ったことに瞬時に感じられる快楽に溺れていると、溺れる前よりも人生が良くなっていると錯覚することがあります。

変化を起こすには「変わろう」というモチベーションは必要不可欠です。とくに痛みは成長に必要なモチベーションを与えてくれるので、安易に痛みを避けて刹那的な快楽を追い求めてはいけないのです。

変化を起こすには「Should」ではなく、「Must」が必要である

変わりたい、そしておそらく変わることができると思っている人はたくさんいらっしゃるでしょうが、変化に痛みを結びつけてしまうと、結局は変化を先延ばしにしてしまいます。

変化することに痛みを結びつけた場合、人は変化することを「Must（絶対に〜しなければならない、不可欠なことであり先送りにすると面倒なことになる）」として捉えるのではなく、「Should（〜すべき、重要ではあるが不可欠ではない）」だと考えてしまいます。

確かに、将来的に好ましくない結果を回避するためには変わるべきだと頭ではわかってはいるけれど、感情的には変わるプロセスと痛みを結びつけてしまい、ついつい自分を甘やかしてしまっている状態のことですね。

変化が不可欠であると捉えるためには、すぐに変わらないと直ちに酷い痛みが生じ、すぐに変われば直ちに大きな快楽を得ることができるんだと自分に言い聞かせる必要があります。

短期的な快楽に溺れすぎていたために無一文となったあと、私は人生のどん底を味わいました。

当時、自分にしつづけた質問といえば、「どうして自分は無一文になり、うつ状態にまで落ち込んでしまったんだ?」「何百冊もの成功本を読んだのに、どうしてどん底に落ちてしまったんだろう?」といったものでした。こういった質問は私を変える効果はありませんでした。

私の人生が変わったのは、「二度とこんな思いはしないぞ!」と口に出した瞬間でした。「二度とこんな貧しさと落ち込みを味わったりしないぞ!」

この言葉にまったく偽りがなかったことを覚えています。

このとき、仲間や恋愛によって絶対に崩壊へと引きずり込まれないことを私は誓い、以前に何度も読んだ聖書の一文を思い出したのです。

思い違いをしてはいけない。「悪い付き合いは、良い習慣を台なしにする」のです。

——コリントの信徒への手紙1　第15章第33節

アルコールを過剰摂取するような人とは二度と付き合わないこと、短期的な快楽に溺れすぎないということを決意したとき、まるで邪悪な力に取りつかれたような膨大なネガティブな感覚が私の体から出て行くのが感じられ、明るい未来への希望を感じたのです。以前に収めた成功のレベルに戻るための階段を上るだけでなく、自分にはなしえないと思っていた新たな高みへと上り詰めようと自分を奮い立たせたのでした。

つまり、変化を起こすためには、今すぐに変化できると信じる必要があり、さらに「変化すべき」ではなく、「絶対に変化しなければならない」という強固な決意を持つ必要があるのです。

変化に酷い痛みが伴うと考える人は痛みが限界に達するまで待ちつづけてしまう

人は、「明日からはじめる」などと言っては、瞬時に感じられる快楽を正当化してしまいます。なぜなら、今日変化を起こすことと痛みを結びつけているからです。

変化を起こすための秘訣は次の通りです。変わるプロセスを痛みではなく、快楽と捉えなければなりません。

変化に酷い痛みが伴うと考える人は、しばらくの間先延ばしにし、結果として痛みが限界に達するまで待ちつづけてしまいます。私はアルコール依存症や麻薬中毒であった人が痛みの限界に達するまで変わることができなかったという話をたくさん聞いてきました。

私のクライアントの1人は、長年アルコール依存症で麻薬中毒でしたが、ある寒い日ゴミ箱のそばで目を覚ましたときにようやく悪習を断つことができたと語ってくれました。汚いゴミ箱の悪臭を嗅《か》いだとき、自分の人生に嫌気がさしたそうです。そんな「どん底」を感じるまで、彼は逃げつづけていたのです。

その後、彼はアルコール依存者更生会に参加すると決め、その結果最悪から最高の状態に変化を遂げたのでした。現在、彼は大手銀行で金融アナリストとして働き、快適な生活を送っています。

凍死しそうになるほど寒い冬に、路上のゴミ箱のそばで目を覚ますまで、彼は破滅的な習慣を変えようとしませんでした。痛みの限界、つまりこのままでは死んでしまうという、あまりに高いレベルの痛みに達したときに人は、ようやく変化することを痛みに結びつけることをやめるのです（変化しないことを痛みに結びつけるようになるのです）。

変化が必須であると捉えるためには、すぐに変わらないことに大きな痛みを結びつけ、すぐに変わることに大きな快楽を結びつける必要があります。変わらないことに、より大きな痛みを結びつける方法の1つが、「もし変わらなければ最終的に何を犠牲にすることとなるだろう？　今から3カ月後は？　1年後は？　10年後は？　20年後は？」と、自分に尋ねてみることです。

この質問が非常にパワフルである理由は、先ほどの私のクライアントだったアルコール依存者の例のように、実際に痛みの限界に辿り着く必要がないということです。その代わりに、将来的にネガティブな習慣がもたらす結果が何であるかを特定するまでフューチャーペーシングすることで、すぐに変化を起こすことができます。そして、もたらされる結果と自分の感情を結びつけることによって、手遅れとなる10年後ではなく、すぐに悪習に対して痛みを感じることができるようになるのです。

たとえば喫煙する人は、「もし自分が今すぐに禁煙しなければ、子どもたちが大きくなったときに喫煙をするかもしれない」と言うかもしれません。「今日禁煙をしなかったことで、もし将来子どもたちが喫煙をするようになったら、自分はどう感じるだろう?」と問いかけ、その結果を考え、今すぐに変わらないことに大きな痛みを結びつけることです。

それでは、いよいよどのように痛みと快楽をコントロールし、障害を克服し、人生において重要な大きな変化を実現していくのかをステップ・バイ・ステップで説明していきます。

ステップ1
自分のワクワクする欲しい結果と障害を認識する

あなたにとってワクワクする結果とは何でしょうか?

急激な変化を起こすためには、まず自分の欲しい結果を知ることが必要です。

たとえば、私のクライアントが「軌道から外れる」という障害に直面したとき、私は「あなたの求める結果は何ですか？」と尋ねました。

「また軌道に乗せることです」と彼は答えました。

「それはワクワクする欲しい結果ではないですね」と私は言いました。

「あなたが最もワクワクして本当に手に入れたいものは何ですか？　軌道修正をして、特定の行動を習慣化する目的は何ですか？」

その後、彼は経済的自立を確立させること、成功、自信、自尊心を感じることが自分のゴールであると話しはじめました。

ワクワクする欲しい結果、または最も求めるものにつながった瞬間に、直面するどんな障害も切り抜けるだけのパワーを与えてくれる感情的動力源を引き出せるのです。

ステップ2
自分のリミティング・ビリーフを特定する

このステップでは、リミティング・ビリーフの特定方法を学んでいきます。自分の感情に耳を傾ける方法と潜在意識のパワーを活用する方法を理解することで、リミティング・

ビリーフを特定することができます。

また、そのリミティング・ビリーフにどのように反応しているかを認識していきます。つまり、あなたはリミティング・ビリーフに対して、非難（〜のせいにする）、逃避、または変化のうち、どの反応をしているのかを特定していきます。

ネガティブな感情は、リミティング・ビリーフの存在を明らかにする

感情は意味をつくり出す無意識のプロセスによって引き起こされます。すなわちどのように快楽を得て痛みを避けるかというビリーフです。ネガティブな感情を感じるとき、それは痛みを感じさせる原因となるリミティング・ビリーフがあるというサインです。

もし、人生で最も強く望んでいることに対して、その達成を妨げるリミティング・ビリーフを特定し、取り除くことができれば、ネガティブな感情に気づくことは悪いことではなく良いことなのです。

人生におけるすべての突破口は、無意識のリミティング・ビリーフを取り除いたときにもたらされます。なぜなら、その瞬間に意味付け、感じる感情、問いかける質問、行動、そして生み出す結果が変わるからです。

では、どのようにリミティング・ビリーフを特定するかというと、「何を信じることで、このように感じるのだろうか？」という簡単な質問を自分自身に問いかけるのです。

最初に、「今どう感じているだろうか？」と問いかける必要があるかもしれません。この質問をすることで、ネガティブな感情を正確に突き止めることができます。「ただ気分が悪い」と言うのではなくて、恐怖、傷ついた、怒りなど、どう感じているのかを知ることはより価値あることです。

ある日、私は絶えず自分の感情を測定することで自分が「恐怖」を感じていたと気づき、右記のプロセスに従って、「何を信じていることで恐怖を感じるのだろうか？」と問いかけてみました。

そのとき、私はセミナーを控えていたのですが、十分に準備ができていないと感じていたのです。明らかにこれは私にとって潜在意識から受け取った重要なメッセージでした。非常に多くの場合、恐怖が伝えるメッセージは準備が必要な何かが起ころうとしているということを表します。

もしあなたのゴールが困難な問題を克服することであれば、「この問題についてどう感じているか？」と質問する必要があります。そして、次ページの図15を参考にして、その問題に直面している状況において感じている具体的なネガティブな感情が何であるのか突き止めるのです。

そして自分の感じているネガティブな感情を突き止めたなら、「何を信じていることでこのように感じるのだろうか？」と問いかけてみてください。すると、あなたの問題の根

図15

あなたのモチベーション	このように感じるために何を信じる必要があるか？
不快感	
恐怖	
傷つく	
怒り	
罪悪感	
イライラ感	
落胆	
無能力さ	
過剰負担	

底にある無意識のリミティング・ビリーフを特定することができます。

たとえば、私のクライアントで「自分はマーケティングが得意ではなく無能だ」というリミティング・ビリーフを持っている人がいました。そこで、「何を信じることで無能だと感じているのですか?」と私は尋ねました。

すると、「私はマーケティングのスキルを学ぶことができないのです」と彼は答えました。それこそまさに彼が自分のマーケティングスキルを改善することを妨げていた無意識のリミティング・ビリーフだったのです。

リミティング・ビリーフを認識することが、困難な問題を解決するための2番目のステップです。

ステップ3
すぐに感じる大きな痛みをリミティング・ビリーフに結びつける

このステップでは、リミティング・ビリーフのもたらす結果について学んでいきます。ビリーフの目的は、さらなる快楽と、より少ない痛みに向かって私たちを誘導することであると覚えておいてください。

リミティング・ビリーフを取り除く最初のステップは、そのビリーフが原因でもたらされるすべての結果を特定することです。

最初にそれがリミティング・ビリーフであると認めましょう。そうでなければ、私たちは痛みに向かって誘導されていくことになります。

考えてみてください。このビリーフによってあなたの人生が制限されてしまっているだろうか？　または、さらなる幸せと成功がもたらされているだろうか？

過去にこのリミティング・ビリーフがもたらした結果が何だったかを思い出してみてください。どう感じるでしょうか。ただ「お金がかかった」と言うのだけはやめてください。その代わり、「10万ドルの損失をどう感じるだろうか？」というように具体的に言ってください。そして、「10万ドル以上もかかった」と再度問いかけるのです。

損失の可能性の例をいくつか挙げましょう。

お　金：1万ドル、5万ドル、10万ドル……の損失。

人間関係：好きになるかもしれないと思っていた人と出会って話す機会があったけれど、恥ずかしくて近づけなかった。

経　験：リミティング・ビリーフによって、学校に通う、プログラムに参加する、どこかに旅行に行くといった機会を逃してしまった。

自分の感情を、もたらされる結果と完全に結びつける必要があります。そうしなければ、このプロセスは効果がありません。リミティング・ビリーフのもたらすすべての結果を明確に特定し、感情をその結果に完全に結びつけると、すでにリミティング・ビリーフを支える脚をぐらつかせていることになります。

考えてみてください。痛みを引き起こすリミティング・ビリーフにしがみつく人なんていないですよね？

ステップ４
リミティング・ビリーフを破壊し、力を与えるビリーフと置き換える

リミティング・ビリーフを取り除く最初の秘訣は次の真実に気づくことです。

すべてのリミティング・ビリーフは歪曲・一般化されたものである――。

第3章で説明したこのコンセプトを理解すれば、一般化を壊すための7つの質問に進み、リミティング・ビリーフを取り除くことができます。

① 私はいつも＿＿＿＿＿＿＿＿だろうか？

② ＿＿＿＿＿＿＿＿でなかった具体的なときのことを思い出せるだろうか？

③どれくらいの割合で私は＿＿B＿＿ではなく＿＿A＿＿なのだろう？

④AとBの違いは何だろうか？　または、AとBの間に違いはあるのだろうか？

⑤その違いを基にして、＿＿＿＿＿の真実は何だろう？

⑥欲しい結果を得るために何を信じる必要があるだろう？　私に新しい力を与えるビリーフは何だろう？

⑦ゴールを達成するためにどんな人になる必要があるだろう？

私のかつてのリミティング・ビリーフ「自分には知的さが足りない」を取り除くために、私がどのようにこれら7つの質問を使ったかを具体的にお見せしましょう（表1）。

私の例を見てわかるように、自分のリミティング・ビリーフに対する反例を見つけたら、リミティング・ビリーフを取り除くのは簡単です。

私は知的になるために必要なことをより具体的にしました。その一方で、過去に中学1年で落第したのは自分が知的でないという意味であると一般化してしまっていたのです。

しかし、もちろんそういう意味ではなかったのです。中学1年で落第した理由は、私がまったく勉強も宿題もしなかったからです。そして、その結果が落第となったのでした。

このように、私の失敗の原因の真の意味を見つけるのは簡単なのです。

表1

リミティング・ビリーフを壊し、力を与えるビリーフと取り替える		
1. いつでも十分知的ではないのか？	そんなことはない、知的なときもあった。	
2a. 十分知的だった具体的なときを思い出せるか？	5年生のとき、科学のテストで100点をとった。	
2b. 他に十分知的だった具体的なときを思い出せるか？	10歳のときルービックキューブを1時間以内で解いた。	
3. どれだけのパーセンテージが十分知的で、どれだけのパーセンテージが十分知的ではないのか？	知的 10%	知的ではない 90%
4. 十分知的なときと、十分知的でないときの違いは？	科学のテストのときは3時間勉強した。 中学1年生のときには勉強しなかった。	
ほかには？	養父母が勉強するように励ましてくれた。	
ほかには？	科学のテストのために本当に勉強したか、 養父母がテストしてくれた。	
ほかには？	※ほかに違いが出てこなくなるまで続ける。	
5. 特定した違いを基に知的であるということの真実は何か？	もし勉強すれば、私は知的。何度も反復することで覚えられる。知的さは成功へのモチベーションから生まれる。勉強しないことに痛みを結びつけ、勉強することに喜びを結びつけなければならない。やらなければならない絶対的な理由があれば、成功スキルを学ぶことができる。	
6. 月1万ドル稼ぐというゴールを達成するために何を信じる必要があるか？	十分に長い時間をかけて成功スキルを学ぶ必要がある。月 1 万ドルを稼ぐために必要なすべてのスキルを学ぶようにモチベーションを上げるための輝かしいビジョンをつくらなければならない。十分な反復をすれば、成功スキルをマスターできると信じている。	
7. ゴールを達成するためにどんな人である必要があるか？	私は知的であるとわかった。	

力を与えるビリーフがより良い質問につながる

もし「決断すれば、成功への道が必ず切り開かれる」という力強いビリーフをつくり出すことができれば、たとえ本人が、ダイエットのようなゴール達成にもがいていたとしても、この信念のおかげで、「体重を減らすためにほかに何ができるだろう?」「自分のように肥満だったけれども、素早く簡単に体重を落とした人で私がお手本にできる人は誰だろう?」といったポジティブな質問ができることでしょう。私たちの持つビリーフが自分自身に問いかける質問をコントロールするようになるのです。

人生の幸福度合いでさえ、自分に問いかける質問の質にかかっているのです。美しい白い砂浜、熱帯の木々、暖かい太陽に包まれ、鳥のさえずりが聞こえる環境にいることができるにもかかわらず、もし「人生をめちゃくちゃにしているのはいったい何だろう?」「どうして両親はあんなことをしたのだろう?」といった質問をしつづけると、自分のいる環境の素晴らしさを見逃してしまうでしょう。自分の直面している問題にフォーカスし、自分自身を人生の痛みと結びつけてしまうと、楽園にいるにもかかわらず、ネガティブな感情を抱くことになるのです。

一方、街の中でも最悪な、ゴキブリがいて悪臭が漂う小さな部屋に住んでいるとします。そんな状況で「今、自分が最も感謝していることは何だろう?」と問いかけてみると、こんな環境においても幸せになる方法を見出せるのです。幸福を決めるのは自分の今いる環境ではなく、何にフォーカスするのか、そして環境に対してどのように意味付けをしているかです。

人は持ちうるリソースの中で最善を尽くします。リソースとは、お金、スキル、人脈、知識、チャンスなどです。

力のある質問をもっとすることで、自分の手に入るリソースを変えることができるのです。適切な質問をすれば、より多くのお金を手に入れることができます。適切な質問をすればより早くゴール達成するのを手助けしてくれる人に新たに出会うこともできるのです。

ステップ5 すぐに感じる大きな快楽を新しい力を与えるビリーフと結びつける

力を与えるビリーフを特定したので、次はこの新しいビリーフから得られるすべての利点を特定し、結びつけなければなりません。

私が「私は知的である」という新しい力を与えるビリーフを使って、どのようにこのステップを行ったか例を挙げて説明しましょう（表2）。

新しい力を与えるビリーフによってもたらされるすべての利点について質問に答え終えるころには、心から明るい未来にワクワクするはずです。ワクワクすればするほど、本当に大きな突破口を開いたということにつながるのです。

この新しい力を与えるビリーフを持つことで得られるすべての利点は何か？　それをできる限り具体的に挙げましょう。そして「この利点についてどう感じるだろう？」と質問することで自分の感情を利点と結びつけましょう。

ステップ６
新しい力を与えるビリーフをテストする

うまく変化したかどうかを確かめるには、当初の問題を考えたときに、以前と同じネガティブな感情ではなく、すぐにポジティブな感情を感じられるかどうかで判断できます。

つまり、ネガティブな感情を感じさせた同じトリガーを使って、「今はこれについてどう感じるだろうか？」とフューチャーペーシングをすることです。

人生のさまざまな時点……、３カ月、１年、２年、５年、

表2

力を与えるビリーフから得られる利点を特定する	
今後1年間でこの新しい力を与えるビリーフはどんな利益をもたらすだろうか？	月１万～２万ドル稼ぎ、ベンツを運転して、新しい家に住む。より良い生活を楽しむことができる。
月１万～２万ドル稼ぎ、ベンツを運転して、新しい家に住む、より良い生活スタイルをどう感じるか？	人生を生きる価値を感じる、次のレベルの夢を実現させる準備ができた。
今後５～10年間でこの新しい力を与えるビリーフはどんな利益をもたらすだろうか？	億万長者となって南国で幸せな結婚をして、家族と理想の暮らしをしている。
億万長者になって、南国で幸せな結婚生活を送り、夢の様な生活をしていることをどう感じるか？	夢を現実とするためにとてもモチベーションを感じている。

10年、もしくは20年後といったようにです。

もし以前と同じトリガーを使っても気分が良ければ、変化は成功です。以下に具体的な例を挙げます（表3）。

ステップ7 新しい習慣をつくり出す

非常に多くの人が新しい自分、人生に変わろうとしますが、ほとんどの場合は結局数日以内で元のパターンに戻ってしまいます。せいぜい数カ月続けば大したものです。

しかし、持続的な変化を生み出すためには、新しい力を与える習慣をつくらなければなりません。例を挙げてみましょう（表4）。

たとえば、「自分は知的である」と言うだけでは足りません。新しい力を与えるビリーフにゴールの達成に役立つ新しい習慣を与えなければなりません。もし新しい行動が以前の行動よりもさらなる喜びをもたらさなければ、結局

表3

新しい力を与えるビリーフをテストする	
知的レベルについて考えると、今はどう感じますか？	しっかりと熟考することで、私は知的だという自信を感じている。
1から100で月1万ドル稼ぐことに対して自信はどれぐらいありますか？	100％自信を感じます。
ラピッドチェンジフォーミュラを活用することで何に気づきましたか？	私は現実を歪曲していることに気づきました。私は知的であり、ゴール達成することができます。

元の木阿弥《もくあみ》です。永続的な変化を起こす唯一の方法は、古い破滅的な行動よりもさらなる喜びをもたらす別のビリーフ、フィジオロジー（生理機能、姿勢を含む身体の使い方）、または習慣を見つけることです。

成功のために行動を繰り返す必要があるときには、習慣をつくり出さなければなりません。第6章で習慣のつくり方を説明しますが、まずは次の質問に答えてみてください。

◎永続的変化を確実に保つためにつくる必要のある新しい習慣は何だろう？

◎予定を立てて行う必要のある行動はあるだろうか？

永続的変化を起こすのに重要なもう1つの要素はあなたを取り囲む環境です。自分のいる環境には多くのトリガーが存在し、そういったトリガーは起こしたい変化へのサポート、もしくは邪魔になります。

表4

新しい習慣をつくる	
私の人生で、この変化が確実に継続されるために必要な新しい習慣は何か？	毎日少なくとも2時間成功スキルを学ぶ必要がある。以下のインカンテーションを毎日20分間する必要がある。 「私、マイケル・ボルダックは、知的であることを見て、聞いて、感じ、そして知っている」
新しい力を与えるビリーフを自分のものとするために、スケジュールに入れる必要のある行動はあるか？	毎日の決めごとに入れる。

たとえば、痩《や》せたい人がいたとすれば、ジャンクフードの入っている冷蔵庫と戸棚を空にして、すべて捨ててしまうべきなのです。

アルコールの問題を抱えていて、飲酒を止めようと決心したのにまだ以前からの飲み仲間と付き合っていれば、変化を維持することはより困難でしょう。その仲間たちにビールを飲まないかと何度も繰り返し聞かれ、誘惑されつづけるのです。

一方、もしアルコール依存症の人がアルコール依存者更生会に参加すれば、すでに飲酒を止めた人たち、もしかすると何年も何十年もお酒に触れていない人たちに囲まれることになります。

成功者のカルチャーに加わる

手っ取り早いのは、自分と同じ経験をしたことがあり、障害を乗り越えて、ただの短期的なものではなく長期的な変化を起こすことのできた成功者に囲まれることでしょう。彼らは、あなたの求める変化を起こすためのさらなるサポートを与えてくれるはずです。成功者と付き合うことで、あなたもまた成功者となるのです。

そもそも、誰と一緒に時間を過ごすかは重要です。なぜなら、あなたが付き合う人が誰であれ、やはりあなたはその人のようになるからです。

人生やビジネスにおいて、心から愛する配偶者、友人、もしくは家族のせいで成功を目指す自分を抑えてしまっていることがわかっている人にとっては非常に難しい教訓になるかもしれません。

通常どういったことが起こるかというと、人が成長しはじめ、成功すればするほど、大切に思う人と自分との間に溝が生まれはじめるのです。

あなたの愛する人は、「どうしてそんなに一生懸命働くの？　少し休んでリラックスしなさい」と言うかもしれません。それはあなたを困らせるために言っているわけではなく、あなたを失いたくないから言っているのです。なぜなら、あなたが大きな成功を達成したら、あなたの愛する人は自分が取り残されたと感じるからなのです。

本書で語る、最も厳しいアドバイス

「近さ」はパワーです。重要なのは、自分の成長を助けてくれる人と付き合うことです。もし人生の中であなたの成長を阻止している人がいれば、そういった人たちから距離を置く必要があるのです。さもなければ、その人たちから大きな影響を受けてしまい、彼らと同じレベルから抜けられなくなるからです。

これは私が本書で語る、最も厳しいアドバイスかもしれません。

以前、私が心から愛し、結婚の約束をしていた人に対して、どのようにこの原理を活用したかをお話ししましょう。それは10年ほど前のことでした。

私の婚約者はいつもネガティブなことを言っては私のことを抑えつけていました。私は、ビジネス、自分の望む収入、BMWを購入したいこと、そして理想の人生を彼女と歩むといった夢やゴールを婚約者に語りました。しかし、彼女はいつも「あなたにできると思わない」など、私の自信を奪い去るネガティブなことを言いつづけたのでした。

そしてあるセミナーに参加したあと、成長やゴールの達成を阻止する大きな障害は、私が婚約者と一緒にいるからだと確信したのです。私は恐れと辛さを感じました。心の底で、婚約者と別れなければならないとわかっていたからです。そうしなければ、一生自分の夢を達成しないで、残りの人生を半分死んだように生きていくことになったでしょう。

私の人生で最も厳しい決断の1つが、この有害な関係を断ち切ることでした。

ようやく彼女との関係を解消できたときに、私の人生は大きく好転しました。サクセスコーチを雇い、私の収入はたったの2カ月で600％増加し、たった3年半で億万長者になりました。そして、私の人生にポジティブな影響をもたらす友人たち、私から見て成功者だと見なした人たちと付き合いはじめたのです。

人間関係の秘訣は、自分を成長させてくれる成功者と付き合うか、自分に近しい人に成長をもたらすかのどちらかです。成功者とつながる方法はたくさんあります。

◎サクセスコーチを雇う。

◎高い基準を保った仲間の集まる団体に加入する。
◎自分のロールモデル（お手本）となる人たちと親しくなる。
◎エリート・マスターマインド・グループに参加する（通常億万長者やトップの成功者たちで溢れています）。
◎自己啓発セミナーにプレミアム席を購入して参加する。この席は普通席よりも料金は高いが、そのイベントの中で最も成功している人たちのすぐそばに座ることができる。
◎トップの成功者たちが通うクラブに加入する（ゴルフ、テニスなど）。

もしかすると、あなたにもかつての私のように、距離を置く必要のある人がいるかもしれません。また、できる限り一緒に時間を過ごしたいと思う相手もいるでしょう。

しかし、とてもネガティブで文句が多く、非難をしたり批判をする、自分の成長を抑えてしまう原因をつくっているような相手とは、一緒に過ごす時間を制限する必要があるでしょう。

ただし、別の選択肢もあります。あなた自身が人を導くスキルを学び、相手をより高い基準へと引き上げることです。パートナー、子ども、家族といった心から大切に思う人には、より高い基準を持つように成功へとコーチングすることができます。

重要なのは、誰かについていくのではなく、導くことです。もし自分に近い人が低い基準を持っていると思いながら、それで良しとするのであれば、自分自身も低い基準に甘んじるのを良しとしたことになるのです。リーダーシップはトレーニングを通して学ぶことができるスキルです。

それでは、以下の見解をもってこの章を終わりたいと思います。

高い基準、モチベーションを高めるゴール、ゴールを達成できるというビリーフを持ったら、ネガティブな人を自分のそばに近寄らせないようにしましょう。その代わり、あなたの最高の可能性を引き出してくれる成功者たちと付き合うのです。それが成功への証しとなります。

次の章では、そのような成功を収めた人の持つスキルを学んでいきます。効果的なプランの立て方です。

Chapter 5

夢を現実化させる プランニングの技術

成功を収めるためには、
効果的な戦略が必要になります。
成功とは、何が効果的で、何が効果的でないか、
その知識の上に成り立つのです。

計画を立てないのは、
失敗する計画を立てているのと同じだ。
——西洋の格言

効果的なプロジェクトプランを立てることの目的

多くの自己啓発書の中では、「ゴールを設定し、できると信じて行動を起こしましょう」といった基本的なアドバイスをしています。

しかし、成功の秘訣はそんなに簡単なものではありません。簡単だったら、もっと多くの人が苦しまずに成功をしているはずです。

効果的なプロジェクトプランを立てることの目的は1つです。当たり前ですが、結果を出すことです。

そのうえで最も重要なのは、成功するために何をする必要があるかを知ることです。明確なゴール、成功したい大きな理由、自分に対する強いビリーフを持つことができたとしても、誤った戦略を立ててしまっては効果は現れません。

夕日を見たくて東へ走っても、夕日は見られません。誤った餌《えさ》を持って魚釣りに行っても、目的の魚は釣れません。

行動を急ぐのではなく効果的なプランを立てるのが先

成功を収めるためには、効果的な戦略が必要になります。そして、自分が最も望む結果を生み出すために取らなければならない行動を、正確に知る必要があります。成功とは、何が効果的で、何が効果的でないか、その知識の上に成り立つのです。

考えてみてください。

ゴール達成するために何をすればいいのかわからないとどうなりますか?

多くの人が8桁の収入を稼いだり、億万長者になったり、理想の人生を歩みたいと思っていますが、そうなるためにはどうすればいいのかわからないことにより、もどかしさを感じています。コーチングを行う中で私は、何度も繰り返しそのような光景を目の当たりにしてきました。

私のコーチングを受けたいというクライアントの最も一般的な成功を妨げる障害の1つが、この「どうすればいいかわからない」ということなのです。効果的なプランの知識がないうえ、効果的なプランをつくり出す自信に欠けているのです。

問題は明らかです。すべての人がワクワクする大きなゴールを達成したいのですが、そうした局面にぶち当たると、自分には何のリソースもないと感じてしまいます。真の課題は、何もないと感じている状態からリソースフルな状態に変化させることなのです。

まずは行動を急ぐのではなく、効果的なプランを立てるのが先決です。

では、効果的なプランを立てられたかどうかは、どう判断すればいいのでしょう？

答えは、自分のプランを見て「これならゴール達成できるぞ」という揺るぎない自信を感じることができるかどうか、です。

それでは、具体的な方法について見ていきましょう。

効果的なプランを立てる7つのマスターステップ

多くの人はプロジェクトプランをつくるスキルに欠けています。しっかりとまとめられているプランであれば、最後までやり通すことができるはずです。

あなたは今までに仕事やダイエットでプランを立てたものの、最後までやり抜くことができなかったことはありますか？　もしあるとすれば、問題はあなたのプロジェクトプランのスキルか、時間管理のスキルに問題があったということです。

プロジェクトプランの基本的な仕組みを教えるために7つのマスターステップをお伝え

します。この7つのマスターステップの目的は優れたプランを立てることです。戦略的プランの7つのマスターステップは次の通りです

ステップ1　究極の欲しい結果からはじめる。
ステップ2　究極の目的を特定する。
ステップ3　カギとなる成功要因を特定する。
ステップ4　カギとなる成功要因を基に成功への大量行動プランをつくる。
ステップ5　タイムライン（ガントチャートなど）をつくる。
ステップ6　潜在的障害を予測する（バックアッププラン）。
ステップ7　プランに対してフィードバックを求める。

では、順を追って解説していきましょう。

ステップ1
究極の欲しい結果からはじめる

1対1でコーチングをするときは、3カ月のゴール達成を見据えたプロジェクトプラン

にフォーカスします（プロジェクトプランが3カ月以上のものではいけないということではありません）。

ゴール達成を最大化するために同時に進めるのは3つのゴールまでにします。あまりにたくさんのゴールやプロジェクトプランを持っている人は、多すぎる課題に圧倒されて効果が半減されてしまいます。

つねに「究極の欲しい結果は何か？」という質問から戦略的プランニングをはじめましょう。究極の欲しい結果を知ることがこれから学ぶプランニング全体の基礎となります。終わりを意識してはじめることによって、そこまで辿り着くのに必要な具体的なステップを特定し逆算して取り組むことができるのです。

ちなみに、私はダイエットのプロジェクトプランのステップ1における究極の欲しい結果は「2013年6月30日までに体脂肪率10・9％以下の筋肉質な身体を手に入れる」としていました。

ステップ2
究極の目的を特定する

ゴール達成したい理由を特定することは、欲しい結果そのものよりも重要です。目的こそが、プロジェクトプランをやり通すように駆り立てる究極的な原動力なのです。

考えてみてください。欲しい結果が何であれ、それを手に入れる目的は何でしょう？結局は、私たちの行動のすべては、可能な限りの喜びとできる限り少ない痛みを手にすることが目的なのです。欲しい結果に達するための強い感情的な、やむにやまれぬ理由があることによって、言い訳をするのではなく成功するために必要なことを何が何でもやる原動力を与えるのです。

明確な目的を見つけるカギは、成功したい理由、自分の中の強い感情を起こす、やむにやまれぬ理由を特定することです。感情が行動を引き起こすということを忘れないでくださ い。ゴール達成するための、多くの理由を特定するために次の質問をしましょう。

①この結果を達成する究極の目的は何か？
②この結果を達成することで何を得られるか？
③この結果を達成した結果、どんな人間になるか？
④この結果を達成することでまわりの人は自分のことをどう思うか？
⑤この結果によって人生の主要分野にどんな影響がもたらされるか？（感情面、身体面、人間関係、キャリア、財政面、時間、スピリチュアル）
⑥この結果を達成することで、人生でどんな可能性が解き放たれるか？（たとえば、

より大きなゴールを設定するだろうか？）

ちなみに、ダイエットをしたときの私の回答は次のものでした。

①良い感情を持ちたい。健康以上に良い感情を持たせてくれる食べ物はないと信じている。
②エネルギーレベルをできる限り高くしたい。
③自分の子どものロールモデルになりたい。
④自分の見栄えに誇りを持ちたい。
⑤体を褒められることが好き。
⑥ピークステート（最高の状態）＝ピークパフォーマンスを維持したい。

ステップ3
カギとなる成功要因を特定する

欲しい結果と目的を特定したら、次のステップは成功要因を明確にすることです。
まずは、すでにうまくいくことがわかっている実証済みの戦略を見出す必要があります。

実証済みの戦略を見つけて再現することができたら、次は戦略の全体像にフォーカスします。全体像にフォーカスすることで、戦略を理解できるようになるのです。事細かにフォーカスしすぎると本質を見失ってしまいます。このステップによって、ステップ4の大量行動プランをつくるのに必要なあなたの成功への道すじが見えるのです。

全体像にフォーカスするために、マインドマップを作成することは必須です。

戦略のマインドマップをつくる

マインドマップは脳の可能性を解き放つ万能のカギとなるパワフルなグラフィックテクニックです。

——トニー・ブザン（マインドマップ提唱者）

情報の多さに圧倒されたときに必要な能力があります。その1つは、すべてがどのように組み合わされているかを理解し、それぞれのつながりをつくり出すことができる能力です。

脳は神経をつなげることによって新しいコンセプトを学びます。したがって、戦略の全ステップをマインドマップにすることで、すべてがどのようにつながっているのかを理解することができるのです。

マインドマップを描けるソフトウェアをダウンロードすることができます（詳しくは、www.thinkbuzan.com/jp/ をご覧ください）。私は『フィット・フォー・ライフ』（ハーヴィー・ダイアモンド著）、『THE pH MIRACLE』（ロバート・ヤング著）という2冊の本を読んでダイエット戦略を引き出しました。これらの本を読んだあと、私は学んだコンセプトを使ってマインドマップを描いたのです。図16は私のマインドマップの一例です。

このマインドマップは、すべての詳細を含んではいません。私のつくったダイエット方法の全マップは大きすぎるので掲載できないからです。しかし一部を見ただけでもやり方は理解していただけると思います。

マインドマップが描けたら、全体像と導き出された要素がどのように組み合わされているかを理解することができるでしょう。

これだけでも効果的なプランを立てるのに役立つはずです。

図 16

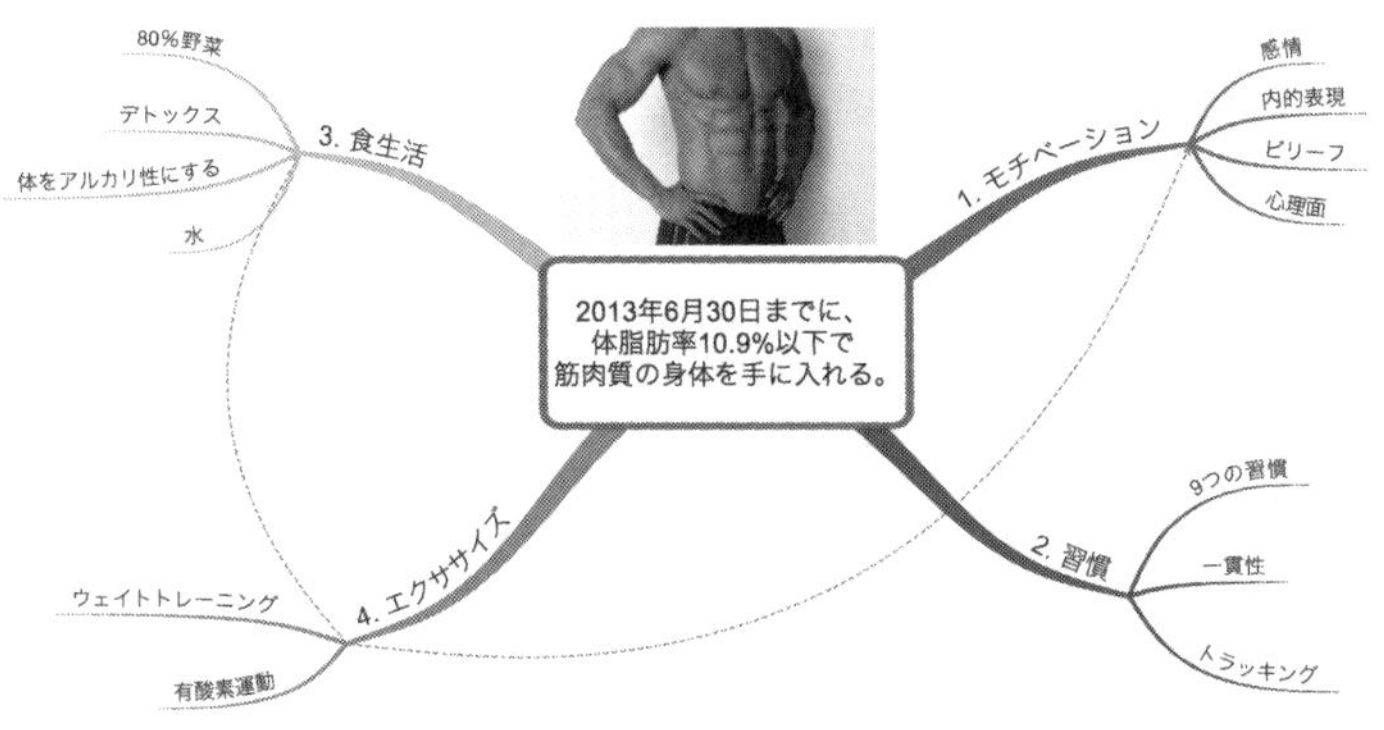

ステップ4
カギとなる成功要因を基に成功への大量行動プランをつくる

この段階で成功への大規模な大量行動プランを立てることは簡単なはずです。なぜなら、カギとなる成功要因から、必要のある具体的な行動を特定するだけで良いからです。

ここでしなければならない質問は、「具体的に何をする必要があるか?」です。

たとえば、私のダイエットプランの成功要因の1つは、「①摂取するカロリーを減らす」だったので、「摂取カロリーを減らすためには具体的に何をする必要があるか?」と問いかける必要があります。

表5は私の成功への大量行動プランの例になります。

取る必要のある具体的な行動に加えて、以下も含まなければなりません。

優先順位：どの行動が最も重要ですか? 1、2、3のように優先順位をつけましょう。
期　　限：いつまでにこの行動を取る必要がありますか?
見積時間：その行動を完了するのに何日、何時間、もしくは何分かかりますか?

表5

1. 摂取カロリーを減らす　摂取カロリーを減らすために具体的に何をする必要があるか？

優先度	日付	予測時間	行動
4	日々の決めごと	毎食時1分	毎食視覚テストをする。自分のプレートを見て、80%が野菜とフルーツかを確認する。
1	4月29日	毎週3時間	月曜日に買い物に行き、その週に必要な食材を確実にそろえる。
2	4月29日	1時間	1週間の献立を具体的なメニューとして立てる。
3	日々の決めごと	5分	食事の献立を前日の夜に見直す。

2. 一貫性　一貫性を守るために具体的に何をする必要があるか？

優先度	日付	予測時間	行動
2	4月30日	5分	毎朝起きたらすぐに体重と体脂肪率を測定して、トラッキングシステムに入力する。
1	4月29日	3時間	運動器具を買いに行く。
3	日々の決めごと	5～20分	以下の質問をして、1日に2回決断の感情を作り出す。「1から10のうちどれだけ決断しているか？」もし、10でなければ、すぐに感情を変える。
4	4月29日		1週間に6日間食事制限する。そのうち1日は何を食べても良い。

3. 運動　カロリーを減らして筋肉を増やすために具体的にどんな運動をする必要があるか？

優先度	日付	予測時間	行動
1	日々の決めごと	25分～2時間	有酸素運動（エアロバイク）を朝5分、午後（または夜）15分。ジムに行くと2時間かかるが、なるべくジムに行く。
2	4月29日	1時間	アーノルド・シュワルツェネッガーの運動をお手本に運動のスケジュールを立てる。
4	日々の決めごと	20～30分	毎日体の1～2カ所のウエイトトレーニングをする。
3	4月30日	30分	サプリメント摂取のスケジュールを立てる。

4. 栄養摂取/アルカリ化　体重を減らすために具体的にどんな栄養を摂取して、体をアルカリ化する必要があるか？

優先度	日付	予測時間	行動
5	6月1日～8日	8日	1週間のデトックス期間を決め、デトックスプログラムを行う。
4	4月29日	1～3時間	腸内洗浄を1週間に1回行う。
3	日々の決めごと	20分	グリーンジュースを毎日1杯、または水にレモンを入れて飲む。
1	日々の決めごと	5分	1日最低でもコップ8杯の水を飲む。
2	日々の決めごと	10分	少なくとも1日1回パワー呼吸する。

ステップ5　タイムライン（ガントチャート）をつくる

多くの人がプランを実行に移さない大きな理由は、きちんと整理されていないことにあります。彼らには整理された1週間のタイムラインがないので、いつプランを実行に移せばいいのか明確にわかっていないのです。

表6は体重を減らすプロジェクトプランに基づいてつくった9週間のタイムラインの例です。

タイムラインがあることで、週ごと、さらには1日ごとにする必要のある具体的な行動が明確にわかりま

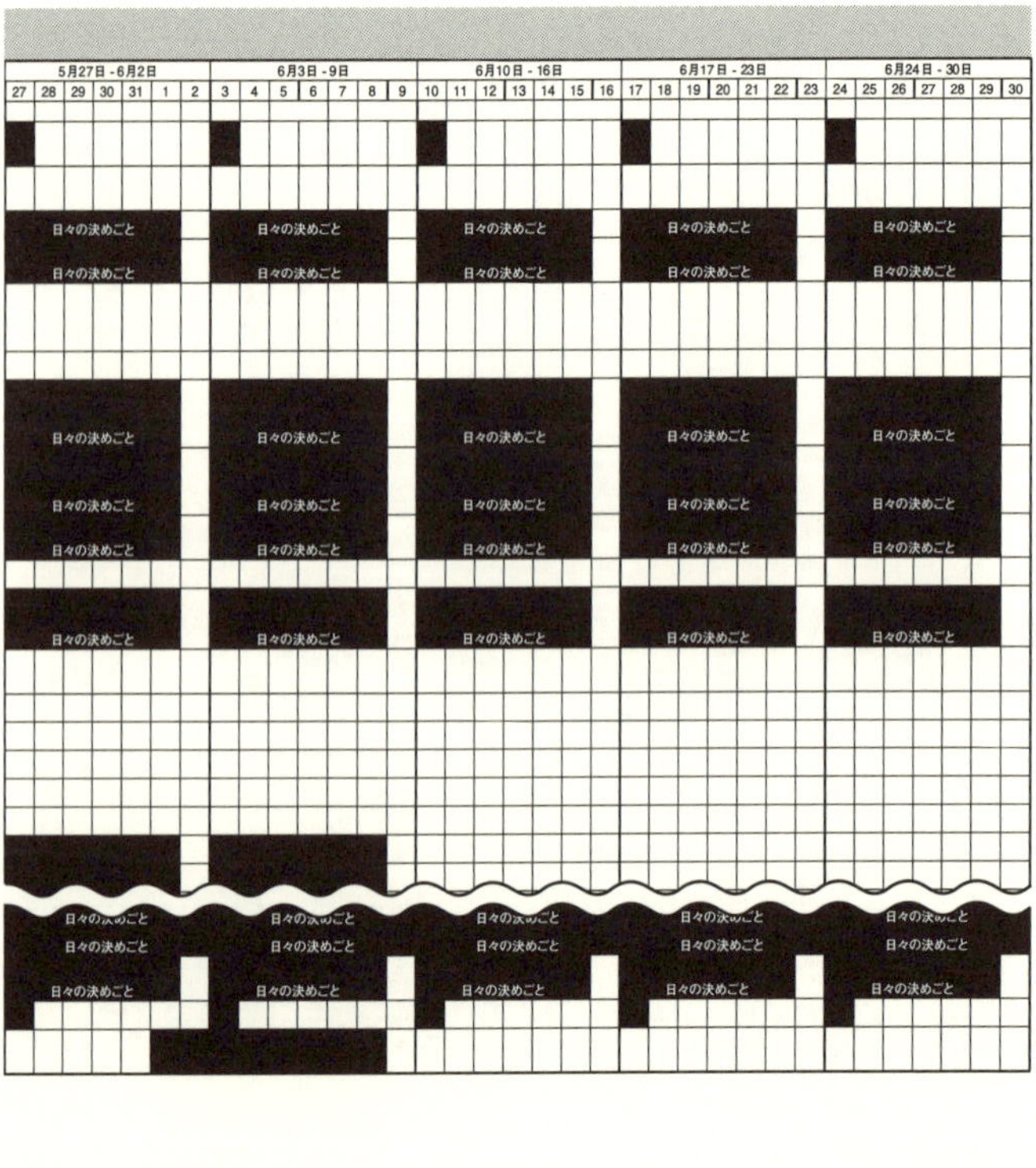

す。

たとえば、今週が4月29日〜5月5日だとすると、タイムラインを見れば、今週何をすべきか、日ごとに何をする必要があるのかはっきりと見て取れます。

プロジェクトタイムラインは4月29日から6月30日までの9週間をカバーしています。

いつでも新しいゴールを設定し、自分の望む開始日と最終日を決めたタイムラインを使って効果的なプランを立てることができるのです。効果を最大限に引き出すために、四半期のプランニングを立てることをお勧めします。

表6

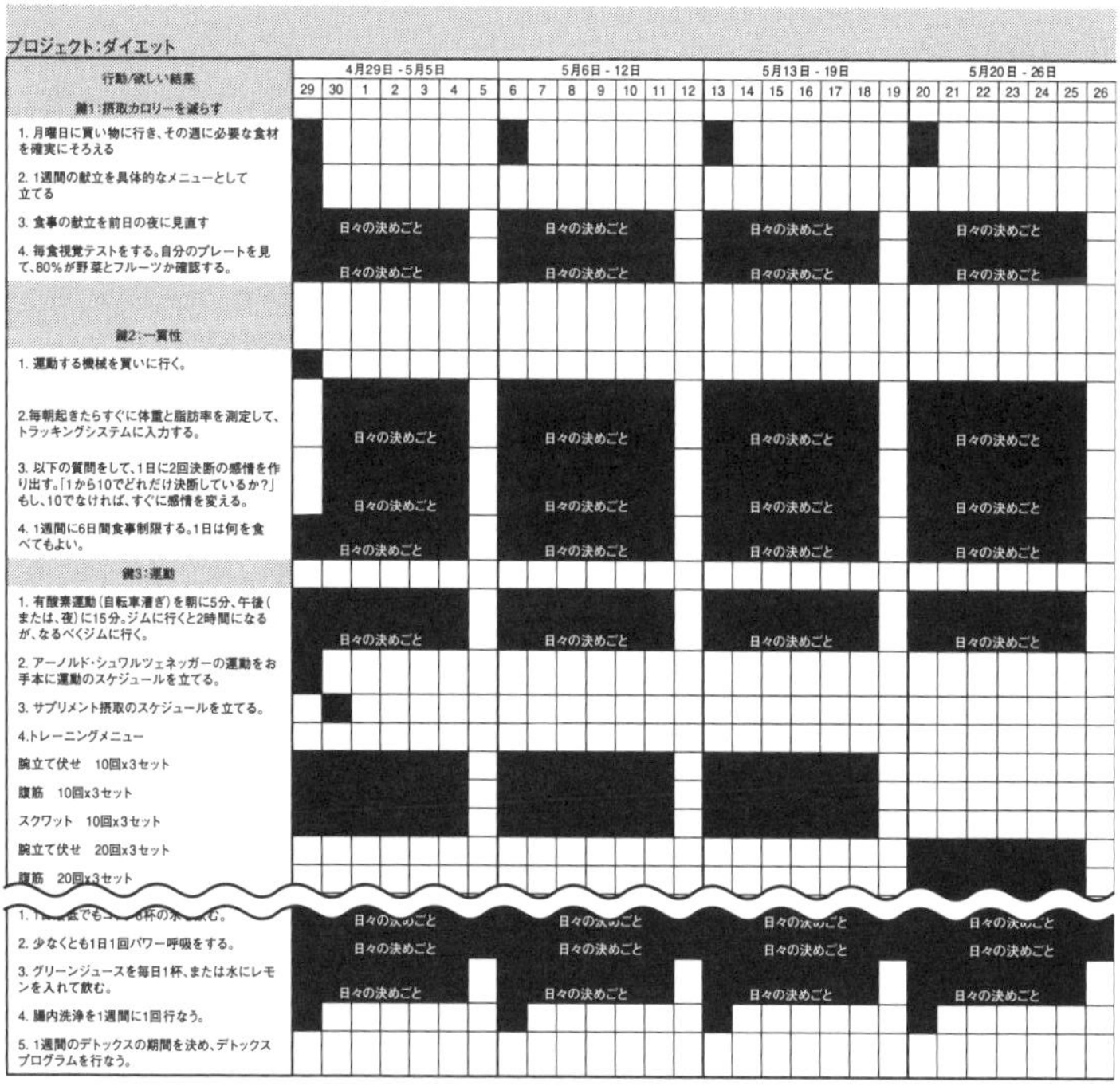
プロジェクト:ダイエット
行動/欲しい結果
4月29日 - 5月5日
5月6日 - 12日
5月13日 - 19日
5月20日 - 26日
29 30 1 2 3 4 5 6 7 8 9 10 11 12 13 14 15 16 17 18 19 20 21 22 23 24 25 26
鍵1:摂取カロリーを減らす
1. 月曜日に買い物に行き、その週に必要な食材を確実にそろえる
2. 1週間の献立を具体的なメニューとして立てる
3. 食事の献立を前日の夜に見直す
4. 毎食視覚テストをする。自分のプレートを見て、80%が野菜とフルーツか確認する。
鍵2:一貫性
1. 運動する機械を買いに行く。
2.毎朝起きたらすぐに体重と脂肪率を測定して、トラッキングシステムに入力する。
3. 以下の質問をして、1日に2回決断の感情を作り出す。「1から10でどれだけ決断しているか?」もし、10でなければ、すぐに感情を変える。
4. 1週間に6日間食事制限する。1日は何を食べてもよい。
鍵3:運動
1. 有酸素運動(自転車漕ぎ)を朝に5分、午後(または、夜)に15分。ジムに行くと2時間になるが、なるべくジムに行く。
2. アーノルド・シュワルツェネッガーの運動をお手本に運動のスケジュールを立てる。
3. サプリメント摂取のスケジュールを立てる。
4.トレーニングメニュー
腕立て伏せ　10回x3セット
腹筋　10回x3セット
スクワット　10回x3セット
腕立て伏せ　20回x3セット
腹筋　20回x3セット
2. 少なくとも1日1回パワー呼吸をする。
3. グリーンジュースを毎日1杯、または水にレモンを入れて飲む。
4. 腸内洗浄を1週間に1回行なう。
5. 1週間のデトックスの期間を決め、デトックスプログラムを行なう。
日々の決めごと

◎第1四半期　1月1日〜3月31日　◎第2四半期　4月1日〜6月30日
◎第3四半期　7月1日〜9月30日　◎第4四半期　10月1日〜12月31日

プロジェクトプランを立てる場合に、必ずしも四半期のプランニングに完璧に収まるとは限りません。というのも、プロジェクトによっては3カ月を超えたり、別の月にはじめる必要があるかもしれないからです。ただ、もし年間ゴールをより管理しやすいものに具体化して効果を増したいのであれば、四半期のプランニングは理にかなっているということです。

あなたが必要とするなら、タイムラインをつくるのに役立つソフトウェアを手に入れることができます。私は自分のビジネスグーグルアカウントとリンクしたスマートシート（www.smartsheet.com）を使っています。グーグルカレンダーと自動的にシンクロします。第6章で私の時間管理についてより詳しく説明します。

ステップ6
潜在的障害を予測する（バックアッププラン）

難しいゴールを追い求めるときに潜在的な問題を予測することは重要なステップです。

予期しなかった障害に直面すると、何度も足踏みしたり、あきらめたり、再びスタート地点まで戻ったりと、それまでの苦労が水の泡となってしまうことがあります。しかし、ある程度予期しておいて対応策を練っておけば、さほど怖くはなくなりますよね。これをバックアッププランと呼びます。

ステップ6では、自分のゴールの達成に取り組んでいるときに直面する可能性のある、すべての潜在的困難を特定してください。

「ゴール達成を阻止する可能性のあるものは何だろうか?」と自分に問いかけることで潜在的困難を特定することができます。思いつく限り多くの障害を特定しましょう。

直面するまで待つのではなく、その日のうちに、その障害にどのように対処するかを決めてください。

ステップ7
プランに対してフィードバックを求める

最近、あるクライアントがビジネスプランを作成し、そのプランの成功を確実にするために私にフィードバックを求めてきました。ビジネスプランに目を通すとき、いつも私は「このビジネスに私だったら投資するだろうか?」と客観的に見渡します。

もし答えが「ノー」であれば、「なぜ駄目なのか?」「このビジネスプランのどこが駄目なのか?」「このビジネスプランに資金を投資することに、より自信を感じるには何が必要だろうか?」と問いかけるのです。これはビジネスが100%成功することを保証する方法ではありませんが、確実に成功率を高めるでしょう。

私は妥当なビジネスプランかどうか見極める最も効果的な方法は、それを潜在的投資家に提示することであると指導しています。もし投資家に対してビジネスプランに投資するように説得できれば、成功するチャンスは高いはずです。

投資家は資金をどこに割り当てるか慎重なので、プランに失敗する原因となりうる欠点がないか探そうとします。そして、もし欠点を見つけたら投資をしません。しかし、実行に移す前に欠点を知ることができれば、より完璧なプランへと改善するチャンスがあるということです。

プランに対してフィードバックを得るほかの方法

プランに対してフィードバックを得るほかの方法もお伝えしておきます。

◎個人コーチ

もし個人コーチがいれば、プランを見てもらい、一緒にそれぞれの具体的な行動について話し合い、より良いものにするための提案をしてもらいましょう。

たとえば、私のクライアントの1人は歯科医なのですが、自分のビジネスの売り上げを伸ばすためのビジネスプランを私に送ってきました。私はいくつかの提案をしたのですが、とくにその中の1つが効果を上げ、たった数カ月の間に売り上げを43％も伸ばすことができました。

◎成功したメンター

もし自分が達成しようとしているゴールをすでに手に入れている人とつながりがあるのであれば、その人にプランを見てもらい、1〜2時間のミーティングを組んでフィードバックを求めてください。

私はいくつかのビジネスを所有し、数百万ドルを稼いだ男性と接点を持つ機会があったので、私が考えていたブランド戦略について彼の意見を求めました。そして彼は実際に価値をもたらす提案をしてくれました。結果、彼のいくつかの提案に従っただけでおよそ80万ドルの売り上げに成功しました。

◎コンサルタント

ビジネスのゴールを達成するためにマーケティングプランを立てたのであれば、専門のマーケティングコンサルタントを雇い、より良いものにするためフィードバックを得ることができます。

私がコーチングビジネスをはじめたときに、ウェブサイトを通じてクライアントを獲得したかったので、コーチとして一流のコピーライターを雇いました。彼の名前はマイケル・フォーティンといい、世界トップクラスのインターネットマーケッターたちに認められた著名なコピーライター、マーケッター、そしてコンサルタントでした。世界トップクラスのインターネットマーケッターの1人ジョン・リースのコピーを担当していた人物です。

ジョン・リースは、マイケル・フォーティンが手伝って書いたセールスレターによって、18時間のうちに108万496ドル相当の商品を売り上げました。

もちろん、コンサルタントとしてマイケルを雇ってセールスレターを書く手伝いをしてもらってから、私のコーチングビジネスは8桁の収入を得るのに十分すぎるほどにクライアントの数が爆発的に増えたのでした。

マスターマインドグループ

プランを改善するために2名以上で構成されたグループを持つことが、フィードバックを得るもう1つの手段です。

私もこの方法を何度も使いましたが、実際に効果があります。主に従業員やビジネスパートナーをマスターマインドで使い、一度に何時間もプランについて話し合うのですが、次のような非常に重要な課題にフォーカスすることで成功の確率は飛躍的にアップします。

◎このプランをより良くする提案はあるか？
◎このプランの悪いところがわかるか？
◎このプランで起こりうる最悪のシナリオは何か？
◎このプランが成功するという自信を1から100まで表すと、どれくらい自信があるか？　もし確固たる自信を持てないのであれば、それはなぜか？

以上のように、効果的なプロジェクトプランをつくるために7つのステップに従うことで、「これなら絶対に望んだゴールに到達できる！」という揺るぎない自信を感じるはずです。

そして次の課題は、いかにゴール達成をするために一貫した行動を取れるかどうかです。せっかくプランを立て、どのように行動すればいいのかわかっているはずなのに、途中で投げ出してしまう人がたくさんいます。

次の章では、成功を生み出す習慣のつくり方を学んでいきます。

Chapter 6

自動的に行動を生み出す7つの規律

一貫した行動を取ると
特定の結果を得る方向につねに導かれます。
その特定の方向はゴールに向かっているのか、
あるいはゴールから遠ざけられているのか、
どちらかです。

規律とはすべての成功が築き上げられる基盤である。
規律なしでは失敗は避けられない。

――ジム・ローン

一貫した行動を取ると特定の結果を得る方向につねに導かれる

プランを作成したら、次のステップはそのプランの実行に向けて一貫した行動を起こすことです。

この章では、人生で正しい規律を絶えず守るという確信を基にしたマップのつくり方と、一貫した行動習慣のつくり方について説明します。

最初に、ネガティブな感情が多くの人の行動できない原因となる理由を説明します。

そして、一貫した規律が行動を起こす秘訣である理由について説明します。

さらに、私たちが経験する特定の出来事から生じる一連の原因と結果についてお話しします。すなわち、あるきっかけとなった出来事の意味を、あなたのマップを使って解釈します。その解釈した意味が次に感情に影響を与え、その感情が行動を引き起こす過程をつぶさに見ていくのです。

この件に関して、私はアメリカで最も大きな成功を収めた多数の人を研究し、共通した7つの規律を導き出しました。

1つ目の規律　パフォーマンスの測定
2つ目の規律　適切なフィジオロジー（体の使い方）
3つ目の規律　ポジティブな内的再表現
4つ目の規律　力を与えるビリーフ
5つ目の規律　ウィークリープラン
6つ目の規律　デイリープラン
7つ目の規律　スキルの向上

この7つの規律をそれぞれステップ・バイ・ステップでお話ししていきます。

行動は、何らかの結果を手に入れる原因となります。一貫した行動を取ると特定の結果を得る方向につねに導かれます。その特定の方向はゴールに向かっているのか、あるいはゴールから遠ざけられているのか、どちらかです。行動を起こして得られる結果が必ずしも成功とは限りません。時に結果は、学びの経験となります。いずれにせよ、私たちは行動を取ることでつねに結果を得ているのです。

結局は、とにかく行動を起こさなければ何も生まれません。つまり、「とにかくやりなさい（JUST DO IT）」というナイキのコマーシャルが言うように行動するしかないのです。

なぜ人は取らなければならない行動と正反対の行動を取るのだろう？

それでもなお、多くの人が最後までやり通し、ゴールに対して一貫した行動をすることに苦労しています。何をすべきかわかっているのに行動しないのです。

夢を達成することを妨げる大きな障害の１つが先延ばしです。

今までにこんな経験をしたことがありませんか？　自分は今何をするべきかという知識を持っていたにもかかわらず、それでもなお行動を起こさなかったという経験です。

私自身も何百回も経験しました。成功への価値ある情報を学ぶ数多くのセミナーに参加するために何千ドルも費やしたのですが、行動に移さなかったのです。私自身の矛盾した行動に悩んだ結果、以下の疑問が生じました。

「なぜ人は取らなければならない行動と正反対の行動を取るのだろう？」

人間行動の原因を研究して発見した答えは、図17をご覧ください。

図17

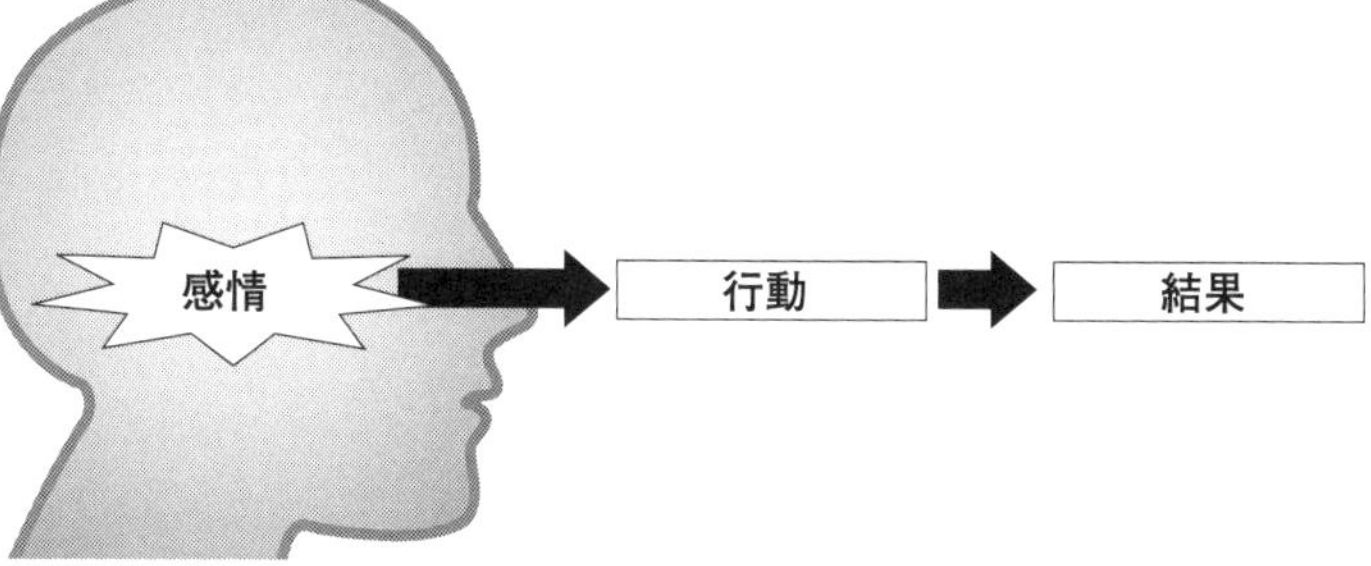

ここまで読み進めてきて、感情が行動を引き起こすということを理解していると思います。感情が人生のあらゆる分野の原動力になっているのです。行動、健康、人間関係、キャリア、財政面、そして時間の過ごし方などです。

もし望んだゴールを達成したいのであれば、まずは自分の感情をコントロールしなければなりません。多くの人が「とにかくやりなさい」というナイキのアドバイスに従わない理由は、行動を起こすことを阻止する感情を抱いているからです。

人が怠惰、疲れ、恐怖心、圧倒、または不快感などを感じているときには、行動を起こすための十分な力が減退し、ネガティブな感情によって取るべき行動とは矛盾した行動が引き起こされるのです。

ほとんどの人は以下のような習慣を身につけるべきだとわかっているのです。

◎収入の一定の割合を貯蓄する。
◎体に良いものを食べる。
◎役立つスキルを学ぶ。
◎エクササイズをする。
◎1日のプランを立てる。

しかし、行動に移さないのです！

成功は、たまにやることではなく、一貫して行う行動によってもたらされる

「いやいや、行動を起こしているけど、まだゴールを達成できないんだ」と言う人もいるかもしれません。

ここでの質問は、「ゴールに向けて一貫した行動を取っているか？」です。多くの人が、時々エクササイズなどを行うのですが、自分の望む結果が得られるほど一貫して行わないのです。

成功とは、たまにやることではなく、一貫して行うことによってもたらされるのです。一貫してジムに通うことによって自分の望んだ体型を手に入れることができるのです。一定の割合の収入を一貫して貯蓄することによって自分の望む資産を手に入れることができるのです。

実際のところ、ほとんどのゴールは達成するために規律を守る一貫性が求められ、それが成功へのカギなのです。

では、この一貫性をどのように築くのでしょう？

バフェットの心理面の何が規律を守らせるのか？

ここで、ウォーレン・バフェットに関する話を紹介しましょう。

彼が大勢の人とゴルフをしていたときに、ほかの人たちがあるホールで1ドルの賭《か》けを提案しました。しかしバフェットは賭けには乗りませんでした。

「ウォーレン、なぜ賭けないんだ？　何億兆もの財産を持っているじゃないか」

ほかの人は言いましたが、バフェットは次のように答えています。

「私は絶対に自分の規律を破らないんだ」

バフェットの心理面の何がそれほどまでに規律を守らせるのでしょう？

図18

原因と結果の法則

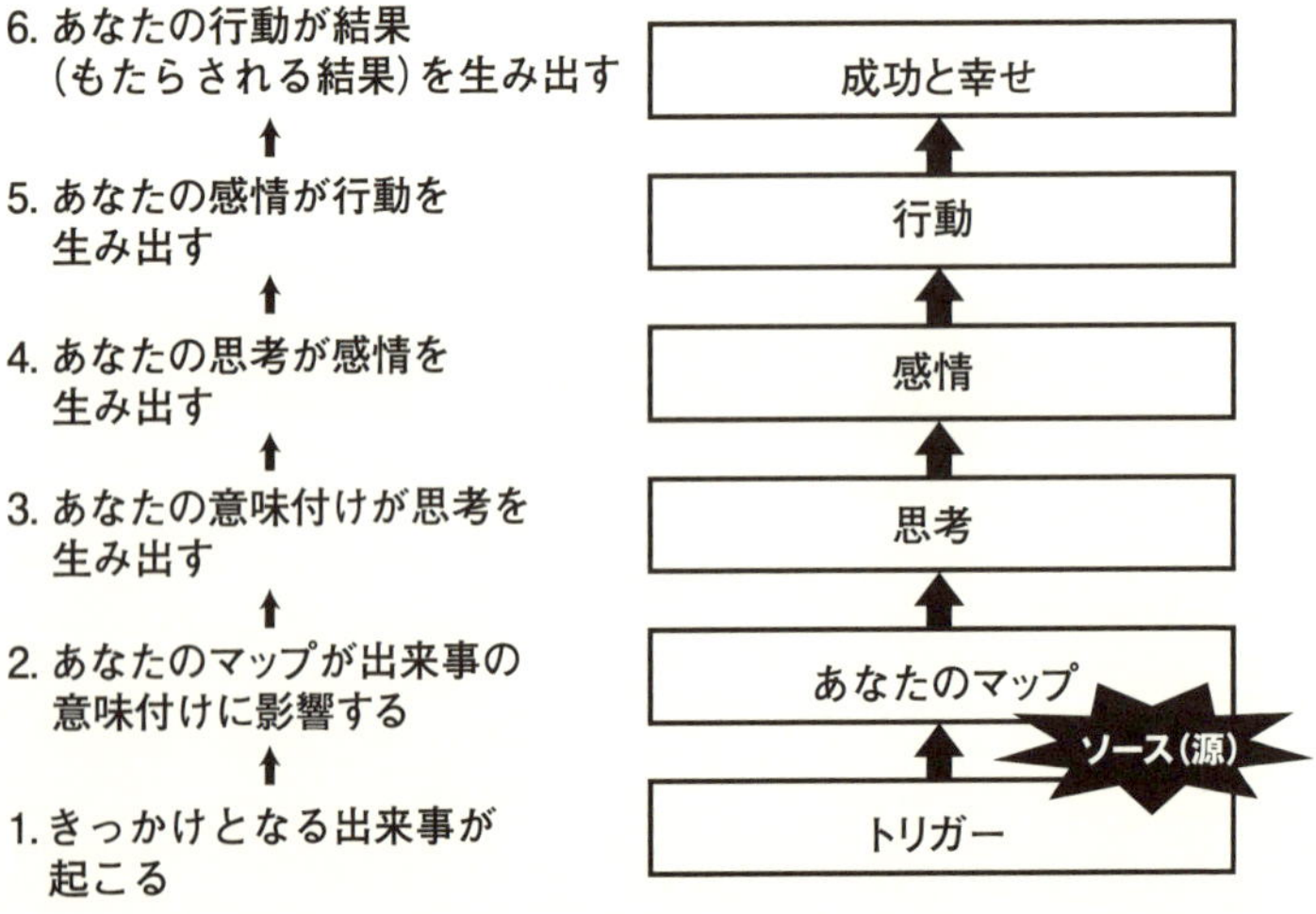
6. あなたの行動が結果（もたらされる結果）を生み出す
5. あなたの感情が行動を生み出す
4. あなたの思考が感情を生み出す
3. あなたの意味付けが思考を生み出す
2. あなたのマップが出来事の意味付けに影響する
1. きっかけとなる出来事が起こる
成功と幸せ
行動
感情
思考
あなたのマップ
ソース（源）
トリガー

答えは、バフェットの「マップ」（自身の世界観マップを形成する何千ものビリーフ）にあります。そのマップは、ゴルフに賭けたいという潜在的な欲望をはじめとしたあらゆる出来事を自身の規律によって解釈し、破滅的行為を引き起こす可能性に抵抗できるのです。

バフェットのマップと彼のようなマップ作成方法を掘り下げる前に、普通の人のマップがどのようにトリガーとなる出来事によって行動へと移るのか、一連の原因と結果を理解する必要があり、図18にまとめました。

では、１つずつ原因と結果の関係性を見ていきましょう。下から上に向かって行きます。それぞれの過程を個別に見ることによって、何があなたの考え方、あなたの感じ方を引き起こすのか、そして最終的にどうしてその行動を選ぶのか学ぶことができるのです。

トリガーは、重大な出来事であり、現実の意味を解釈するきっかけ

トリガーとは何でしょう？

トリガーは、重大な出来事（外部的事象、または現実で実際に経験したこと）であり、現実の意味を解釈するきっかけとなるものです。

たとえば、恋愛で破局を経験している人は、トリガーとなる出来事を経験しているのです。もしくは、仕事を失ったばかりの人はトリガーとなる出来事に直面しています。時にトリガーは、大好きな食べ物の匂い、電話の着信音のように、それほど重要なものではないこともあります。外的（と内的）現実から見るもの、聞くもの、触れるもの、味わうもの、匂うものはトリガーなのです。

トリガーは自分自身の感情の状態にも深く影響しており、とくに極度の疲労、不満や恐怖といったネガティブな感情を抱いたときに生まれやすいものです。実際、重大な感情を伴う出来事は最も力のあるトリガーとなることがあります。

人生の出来事に対する意味付けを最終的にコントロールするもの

それでは、トリガーはゴール達成する能力にどのように影響を与えるのでしょうか？たとえば、友人たちとゴルフをしていて、あるホールで1ドルの賭けに誘われたウォーレン・バフェットについて考えてみましょう。この出来事はバフェットの富を築く能力にどのような影響をもたらしたのでしょう？　結局のところ、たったの1ドルだけですよね？

前章で、人生の質を実際に形づくるのは出来事そのものではなく、その出来事をどう解釈するか、もしくはその出来事に対する意味付けであることを明確にしました。そして、人生の出来事に対する意味付けを最終的にコントロールするのは私たちのマップなのです。ほかの何よりもあなたのマップが成功と幸せを決めるのです。

それでは、マップとは具体的に何なのでしょう？

多くの人はマップを思い浮かべるとき、行きたい場所へ導いてくれる道路地図を想像するでしょう。マップはまったくそれと同じで、自分の行きたい場所への道路地図なのです。私たちはみんな次の方法を知るために自分の内側にマップを描くのです。

◎ゴールを達成する方法　　◎裕福になる方法
◎収入を得る方法　　◎幸せになる方法
◎健康になる方法　　◎充実した人間関係を築く方法
◎子育ての方法

マップは望んだ結果を得るために持っている現状の戦略であり、ステップ・バイ・ステップの内的再表現なのです。

最も重要なのは、マップは最も望んだものを手に入れる方法に関して自分のビリーフの上に築き上げられているのです。私たちのマップは思考、感情、行動と結果のすべての源なのです。

したがって、もしマップを変えれば、人生が変わるのです。だからこそ、第3章で、「マップは現実ではない」と説明したのです。

ウォーレン・バフェットのマップの中の重要な要素

ウォーレン・バフェットは「絶対に規律を破らない」と言ったとき、規律を守る一貫性を保つことに強いビリーフを持っていると思いますか？　彼のマップは自身の規律を守るという考えにどのような影響を与えるのでしょう？

規律に関するあなたのマップはどんなものでしょう？　ウォーレン・バフェットのように完全なる一貫性に力を与える豊かなマップを持っていますか？　それとも、規律を守る一貫性が保てずに苦労していますか？

もし苦労しているのであれば、それは規律に関するマップが乏しいというサインかもしれません。

ウォーレン・バフェットの考えは彼自身のマップから引き起こされていますが、それは規律を守る大切さに対しての確信を含んでいるのです。ゴルフをしているときに1ドルを賭けようという状況下でも、バフェットは友人たちとの賭けに参加するという思いすら決して心に抱くことはなく、その代わりに自身の規律に関する確信によって「絶対に規律を破らない」と考えることができたのです。

何であれ私たちが信じることや考えることが感情に影響を与え、感情が行動に影響を与え、行動が結果に影響を与えるのです。

バフェットは自分のルールに絶対的自信を感じ、そのおかげで1ドルを賭けないという行動を起こしたのです。

規律を守ることに関して強い確信を持つ人は、決してルールを破ることはありません。それが恋人との破局、友人からのプレッシャー、もしくは家族の死であっても、どんな出来事にもかかわらずルールを破ることはないのです。

規律を守ることに関して弱いビリーフを持つ人は、なぜ自分がルールに従うことができないのか何百もの言い訳をするのです。彼らのルールは「絶対に〜しなければならない」ではなく、ただ「〜すべき」なのです。

マップに正しい規律を追加する

それでは、規律に関してどのようにマップを変えればいいのでしょうか？

最初に、望んだ結果を達成するために必要のある規律が何であるのかを特定する必要があります。

ウォーレン・バフェットは一貫して従うことで億万長者になれたお金に関する一連の規律を持っていたのは明らかです。彼の一番のルールは「決してお金を失わないこと」で、二番目のルールは、「絶対に一番のルールを忘れないこと」なのです。

ドナルド・トランプの規律の1つは、毎晩3～4時間だけ寝ることでした。彼は、「1日に12～14時間寝ている人がどうやって3～4時間寝ている人と競えるのか？」と言いました。

ここでの質問は、「望んだゴールを達成するためにどんな規律が必要か？」です。

私は世界で最も成功を収めた人たちをモデリングすることに過去20年間を費やしてきました。そして、成功者たちの規律を7つにまとめました。ドナルド・トランプ、ウォーレン・バフェット、リチャード・ブランソンのような億万長者たちに大成功をもたらしたのはどんな規律かを発見するために彼らをモデリングしました。私は自分が価値があると思った人なら誰でもモデリングしましたが、どの場合においても必ず最高の人にフォーカスしました。

世界で最も成功を収めた人の７つの成功の規律

次ページの図19を見てください。それぞれの１～７の番号がふられている要素は、192ページに挙げたゴール達成を加速させるためには必要不可欠な規律です。これらにはリソースフルな状態になるために実践する必要のある感情的決めごとと、ゴール達成に役立つ最も効果的な行動的決めごとが含まれています。

７つの規律は、どんなトリガーであろうと、あなたに力を与えるようにデザインされています。重要なのは、このコンセプトを視覚により暗記し、あなたのマップにすることです。

では、まずはほかの６つの規律を左右する最も重要な規律の説明からはじめましょう。

図19

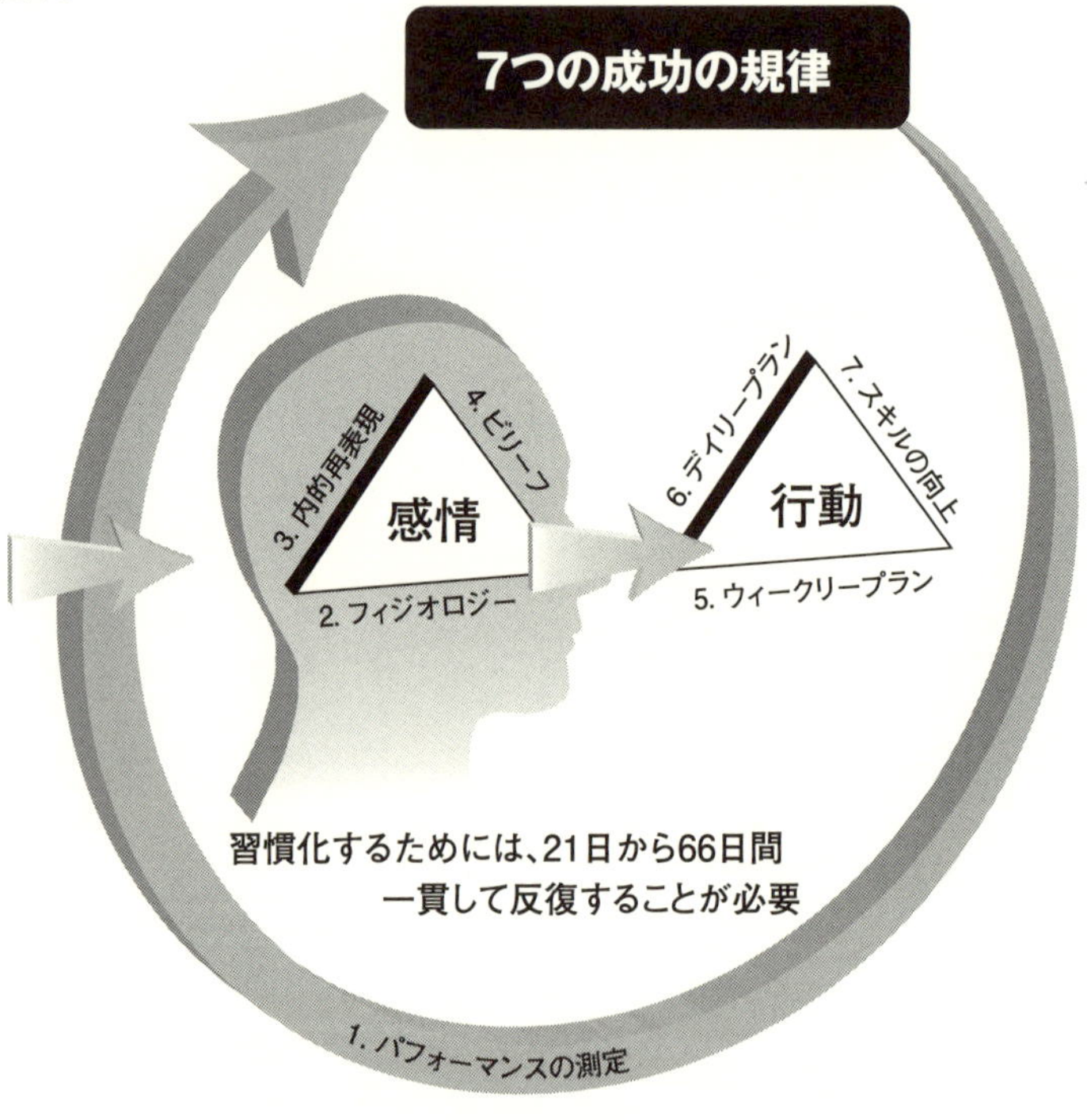
7つの成功の規律
3. 内的再表現
4. ビリーフ
感情
2. フィジオロジー
6. デイリープラン
7. スキルの向上
行動
5. ウィークリープラン
習慣化するためには、21日から66日間
一貫して反復することが必要
1. パフォーマンスの測定

１つ目の規律
パフォーマンスの測定

図20をよく見てください。規律が三角形の内側に記載され、その三辺に沿ってマップの中でその規律が実行されるための３つのキーポイントが記載されています（これから説明する７つの規律はこのような方法で視覚的に示し、その規律が実行されるための３つのキーポイントを説明していきます）。

３つのキーポイントをマスターすれば、規律１は望んだ状態に到達するために必要な、ほかの規律の基盤を築くことになります。どんなトリガーがあろうとも、軌道から外れることはなくなります。

キーポイント① 一貫性を保つビリーフ

たまにエクササイズをしたからといって、人は健康的で元気な体をつくり、維持できるでしょうか？

もちろん、月に１回程度ジムに通うだけでは健康にはなれません。翌日は筋肉痛に悩まされ、ジムに足が遠のいてしまうのがオチです。素晴

図20

らしい体型をした人に成功の秘訣を尋ねてみましょう。一貫性がカギであると教えてくれるでしょう。

しかし、多くの人は一貫性が成功にとって重要だとわかっているのに、それでもなお行動に移しません。その理由は規律を守ることに大きな痛みを結びつけているからなのです。

キーポイント② 快楽（喜び）と結びつける

では、痛みに結びつけず、快楽に結びつけるにはどうすればいいか？

すでに第1章で私が1日5分からのエクササイズでダイエットに成功した話をしましたが、私たちは行動を取ることに痛みよりも快楽を結びつけたときに一貫した行動を取るようになります。

行動を「とても不快」なものから「快適で簡単にできる」ものに変えるのです。行動を習慣とするには、行動を自動的に無意識で起こる振る舞いに変えなければなりません（図21）。

快楽に結びつける小さな習慣から始めて、快適領域を拡大させながら、ゴールに到達するまで時間をかけて上げていくことです。

たとえば、私は1日にたった10回腹筋する決めごとからはじめ、習慣

図21

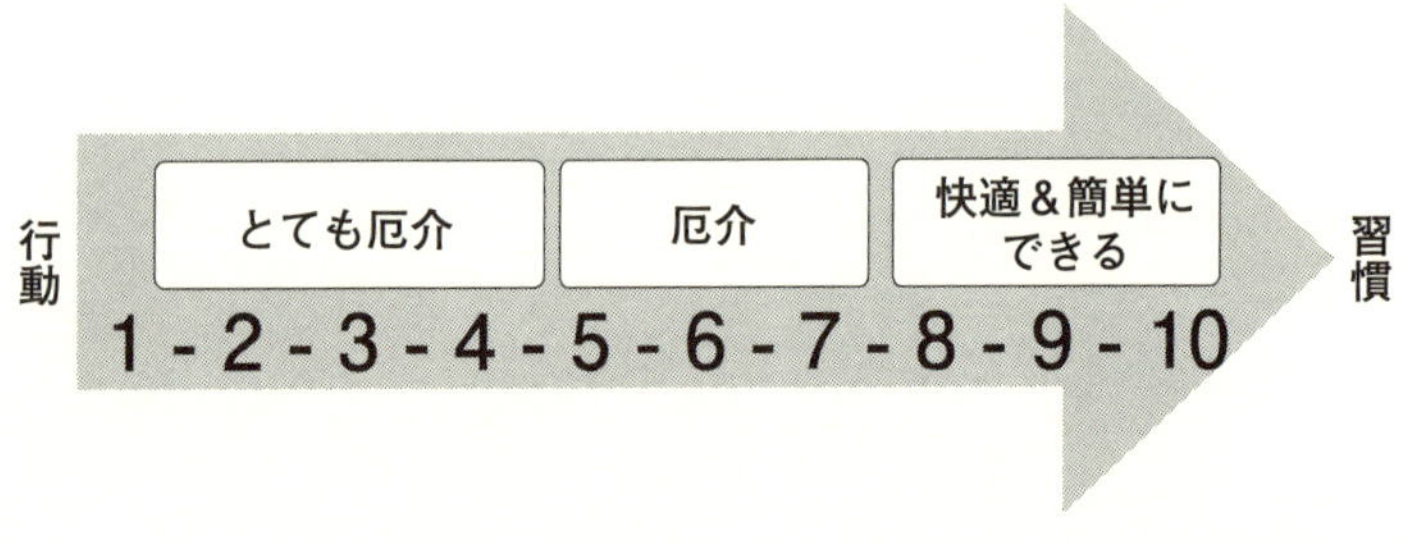
行動
とても厄介
厄介
快適＆簡単にできる
1 - 2 - 3 - 4 - 5 - 6 - 7 - 8 - 9 - 10
習慣

が形成されるたびに回数を増やして１００回までになり、私の快適領域は拡大したのです。

キーポイント③　何度も繰り返す

ほとんどの人は習慣を形成するにはおよそ21日かかると聞いたことがあるはずです。

実際はどうなのでしょうか？　ユニバーシティー・カレッジ・ロンドンの研究によれば、平均して66日という結果が出ました。ありがたいことに、グレッチェン・ルービンは「Psychology Today」の中で、66日の中で1日欠かしたとしても、それほど大きな問題ではないと指摘しています。

したがって、キーポイント②のように、徐々に快適領域を広げて取り組むには、66日を1つの目安と考えてください。２カ月と少しです。この期間で、一生を左右する習慣が身につくと考えれば決して長くは感じないはずです。

新しい習慣を形成するためにこの3つのキーポイントをどのように適用するのか？

ここでようやく「パフォーマンスを測定する」という規律に目を向けることになります。もし真剣に行動を習慣に変えようと思っているのであれば、自身の日々の一貫性を振り返り、見直さなければなりません（測定）。ほかの６つの規律を守るには成功のために最も重要なステップであり、だからこそ１番目の規律なのです。

なぜなら、何であれ見直すという行為は改善に結びつくからです。ですので、頻繁に見直せば見直すほど、あなたのパフォーマンスは向上します。

統計によると、アメリカ人の半分は、年に一度だけ元日に1年間の成果や人生を見直し、新年の抱負を考えるそうです。しかし、そのうちの88％の人はその抱負を守れていないという結果が出ています。

年に一度だけでは少なすぎるし、遅すぎるのです。

もし日常的に自分のパフォーマンスを見直していれば、問題にすぐに気づき、対処することができるのです。だからこそ、最初の規律は人生にとって非常に重要なのです。

日常的にパフォーマンスを測定することで一貫性を確認する

では、具体的にはどのように日常的に自分のパフォーマンスを振り返ればいいのか？

習慣にしたい行動を特定したら、エクセルなどのソフトウェアを使ってトラッキングシートをつくり、自分のパフォーマンスを追ってみてください。進捗《しんちょく》が目で見られるので、より快楽を規律に結びつけやすくなり、習慣化しやすくなります。

理想的には、自分がゴールに向かってどれほど進捗しているかを確認するために

グラフ1

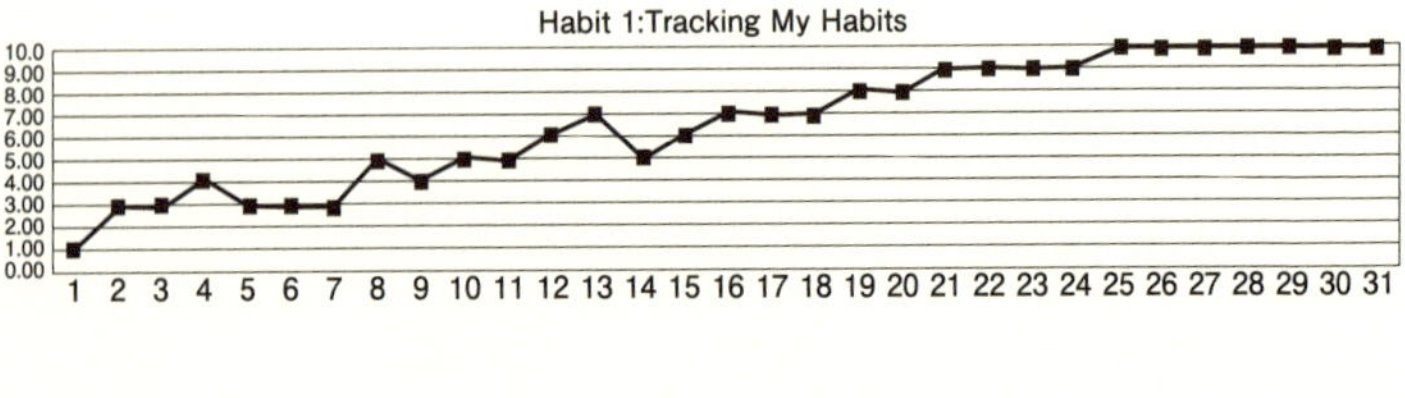

グラフをつくることです。右肩上がりに伸びる折れ線グラフが、あなたに達成感や満足感といった快楽を与えてくれるでしょう（グラフ１のトラッキングシートは www.michaelbolduc.com/habits でダウンロードできます）。

２つ目の規律
適切なフィジオロジー

一貫して感情をコントロールしたければ、素晴らしいフィジオロジーをつくることからはじめましょう（図22）。ありきたりですが、健全な習慣は健全な肉体に宿ります。キーポイントは姿勢・アライメント（配列、調整）、呼吸、そして最適な身体機能です。

現在90歳で「125歳まで生きる」と豪語している億万長者のデビッド・マードックは、「私は1日に20種類ほどのフルーツと野菜をおなかいっぱい食べている。砕いたバナナの皮やすりつぶしたオレンジの皮を含めたものをスムージーにして1日2回から3回飲んで体を食物繊維とビタミンでいっぱいにしている」そうです。やはり、体が資本なのです。

図22

キーポイント① 姿勢・アライメント

私は数年前まで、腰痛に苦しんでいました。しかし、教わったヨガとストレッチの習慣を追加したことで、痛みを取り除きました。

アライメントが歪んだり、ぎっくり腰になるのは筋肉と骨格（骨）のずれが原因です。整骨院などでアライメントを元に戻してもらうと気持ちが良くなりますが、骨を適切な位置に入れるために筋肉を再度トレーニングするまで、痛みの緩和は一時的なものでしかありません。もちろん、軽い姿勢・アライメントエクササイズは永久的な痛みの緩和に非常に効果的ですが、ある程度の努力が必要です。しかし、そのご褒美は努力する価値のあるものとなるでしょう。

腰痛は診療所を訪れる人の最も一般的な原因の1つです。そして、腰痛が原因で不満、憤りやストレスなど、望まない感情が結果としてもたらされることがよくあります。うつ状態は慢性の痛みがある人によく見られる症状です。

キーポイント② 呼吸

習慣的な呼吸のテクニックによって、リラクゼーション、ストレス管理、心と体の状態と臓器機能改善がサポートされます。呼吸を改善するための実証済みの方法にはヨガ、有酸素運動、パワーブレスなどがあります。パワーブレスは、「1：4：2」の比率で、息を吸って、息を止めて、息を吐くエクサイズです。可能であればこのエクササイズを10回繰り返して行ってください。まずは簡単にできる回数を見つけ、徐々にそれを増やしていきましょう。

キーポイント③ 身体機能

１つ、もしくはそれ以上の身体機能が最適レベルで働いていないときは、腰痛のように感情に影響が及ぼされます。

栄養状態が気分、行動、脳機能に大いに影響を与える可能性もあります。脳は、ガソリン、オイル、ブレーキなどを必要とする車と同じように機能するために特定の物質が必要なのです。

肥満に関して言うと、余分な体重によって呼吸などの重要な身体機能、心臓が負担なく血液を送り出す能力、インスリンの分泌（２型糖尿病を引き起こす）や正常な血圧の調節が妨げられはじめます。しかし、食生活とエクササイズによって肥満が解消されたとき、体は自然と修復され、重要な身体機能を正常に戻すことができます。呼吸がより簡単にできるようになり、心臓はそれほど激しく血液を送り出す必要がなくなり、糖尿病や高血圧が改善されるのです。

さらなるエネルギーと、より魅力的な体型をもたらすヒントは次のように数多く存在します。それぞれについて調べ、今のあなたに一番必要なものを取り入れてください。

◎健康的な食生活　◎サプリメント　◎デトックス（解毒）
◎有酸素運動　◎スポーツ　◎ウエイトトレーニング
◎生ジュース（野菜や果物）　◎酸とアルカリ化の調整

3つ目の規律
ポジティブな内的再表現

内的再表現については、第3章で解説しましたね。視覚、聴覚、体感覚、内的対話などの主観的なフィルターによって情報を取捨選択し、現実をポジティブあるいはネガティブに歪曲してビリーフに影響を与える過程を言います（図23）。

一代で億万長者になった人は、人生で苦労している人とは違った習慣的質問をしています。私の成功要因となった質問は多く存在し、それらは世界で最も成功した人をモデリングしたものです。

私はたった3年半で無一文から億万長者に変わることができました。

図23

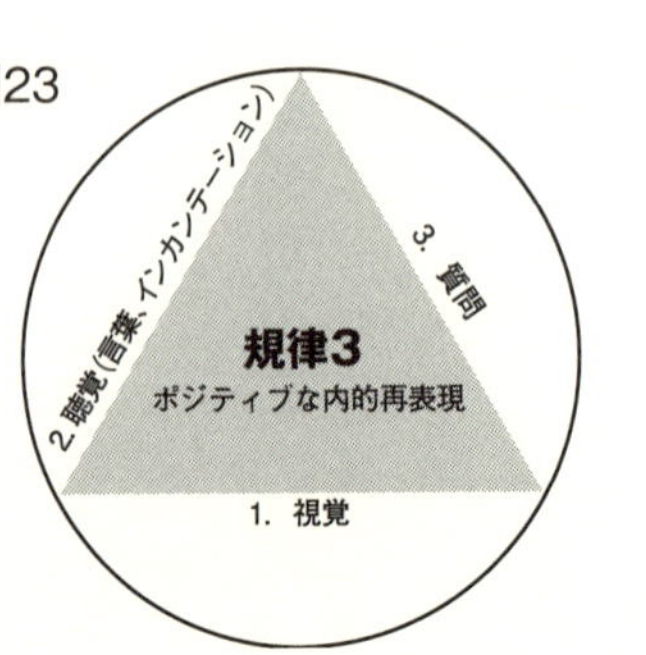

それまでに一度もしたことのない類の、より良い質問をしはじめたからです。最も力を与えてくれた質問の1つは、「今日、絶対に達成すべき結果は何か?」です。そして、その質問を基に日々のプランを立てたのでした。

キーポイント① 視覚

世界で最も成功を収めた人たちは、どのように視覚表現を使って一般の平均的な人より多くのことを達成しているのでしょう?

その答えは、一貫してゴールを思い描いているということです。

スティーブン・R・コヴィー博士は著作『7つの習慣』の中で、「すべてのものは二度つくられる。すべてのものには頭の中でする最初の創造と、物質的な二番目の創造が存在する」と述べています。

私は2000人以上個人コーチングをして、ほとんどの人が正しくビジュアライゼーションをする方法を知らないということに気づきました。

もちろん、頭の中で視覚的にゴールを想像するだけでは十分ではありません。ゴールを思い描く目的は、達成できるというさらなる自信を感じ、明るい将来に対してワクワクする思いを抱くのに役立つからです。まるですでに達成したかのようにゴールを正しく思い描くと、「すぐに自分はできる」というさらなる自信を感じはじめるのです。重要なのは、すでに自分が達成したと感じられる方法でゴールを視覚的に表現するということです。

アーノルド・シュワルツェネッガーはビジュアライゼーションを使い、数回のミスターユニバース、映画スター、そしてカリフォルニア州知事になったのです。

アーノルドはこう言いました。

「頭の中で何度も勝利したので自分が勝つことに何の疑いもありませんでした。それは映画の世界に入ったときも同じでした。有名な俳優になり、大金を手にする自分自身を思い描きました。それが実現することがわかっていたんです」

私はこの方法を自分の人生に応用したのです。私は今までに達成したすべてのゴールのためにビジュアライゼーションを使ってきました（第2章参照）。

あなたは日々自分のゴールを思い描いていますか？　まるですでに達成したかのようにゴールを思い描くことによって自信が湧き、人生で最も重要なゴールに向かって行動を起こそうとワクワクするのです。

キーポイント②　聴覚（言葉、インカンテーション）

実験によれば、コミュニケーションにおけるたった7％が言葉そのもので伝えられているのに対して、視覚が55％、声のトーンが38％もあるそうです。成功に役立てるために声のトーンを手段として使うことが極めて重要であることがわかります。

私が感情を変化させるために人生で聴覚の要素を活用した方法の1つは、第2章で述べた通り、インカンテーションを行うことです。私は声に出して、「タイにいる息子と一緒に暮らすために私は何が何でもやっている！」と繰り返して言いました。私は毎朝仕事前のジョギングに行くときにこのフレーズを叫んでいたのです。感情に影響を与えるためにフィジオロジー、視覚と聴覚も同時に活用しました。

私は「何が何でもやっている」と言うときに、胸を手で叩くことでフィジオロジーの要素をこのプロセスに取り入れました。結果として、かつて感じたことがないほどの固い決意を感じはじめたのでした。それはまるで「感情のジム」で、何度も同じフレーズを繰り返し言うことによって「決意の筋肉」のトレーニングをしていたかのようでした。

毎回より強力なインカンテーションを一貫して繰り返すことによって、私の決意の筋肉が大きくなったのです。ゴールを達成するために何が何でもやるという意欲が爆発寸前でした。

インカンテーションは非常にパワフルなのです。それは、自分の望んだ状態になるように、フィジオロジー、ビリーフ、言語を同時に活用するからです（表7）。

キーポイント③ 質問

質問は、内的再表現をコントロールすることによって、フォーカスの方向をすぐに変え

表7

敗者の言葉を成功者の言葉に置き換え、
インカンテーションを繰り返す

敗者の言葉	例	成功者の言葉	例
Should ～すべき	「デイリープランをつくるべきだ」と言うとき、それはまだコミットしていないことを意味する。	Must しなければならない	コミットメントのレベルを上げるために以下のように言葉を変える。「デイリープラン」をつくらなければならない。
Try やってみる	「やってみる」と言うとき、それは1回試してみてうまくいかなかったらやめてしまうことを意味する。	Will やる	決心のレベルをさらに上げるために「やる」または、「何が何でもやる」と言う。
Can't できない	「できない」と言った瞬間に自分自身を制限することになる。	Can できる	「できる」と言う。成功するまでやり方を変えれば、やり方は必ず見つかるから。
Tomorrow 明日	「明日やる」と言いつづけると、つねに先延ばしをすることになる。	Now 今	「今やる」と言う。または、カレンダーにスケジュールを入れる。
Difficult 難しい	「とても難しい」と言うと、より気力を失うことになり、行動に移さない可能性が高くなる。	Easy 簡単	「簡単、これは簡単」と自分に言いつづける。どんな困難にも打ち勝つためには、リソースフルな（機知に富んだ）状態でなければならない。

言葉を変える

ます。

人によっては将来をネガティブに思い描いてしまいます。「もし失敗したらどうしよう？」と質問しつづける人は、悪いことが起こりつづける将来を想像して、恐れを感じるでしょう。

自分の望んだもの（ゴール）にフォーカスする人は一貫して「欲しい結果は何か？」と問いかけます。すると、将来手に入れたいものを思い描きはじめ、ワクワクした気持ちで向かっていくのです。

「欲しい結果は何か？」と一貫して質問できない人は、一瞬の快楽を与えてくれるものにフォーカスしたり、過去の辛い経験を思い出したり、将来をネガティブに考えたりします。

自分よりも大きな成功を楽しんでいる人がいるとすれば、それはその人が自分とは違ったものにフォーカスしているからなのです。もし、誰かの成功を再現したいのであれば、その人がしている質問と同じ質問をすることが重要です。

私が毎日のように自問する1つの習慣的質問は、「ゴール達成に必要なことをやるプロセスを、さらに楽しむにはどうすればいいだろうか？」です。この質問をすることで、結果を得ることだけではなく、その過程も楽しむということにフォーカスすることができます。よりリソースフルな感情を感じられる習慣的質問をすることで、日々のプランに従って行動を起こし、目標を達成できるようになるのです。

4つ目の規律
力を与えるビリーフ

4番目の規律は、リミティング・ビリーフを取り除き、力を与えるビリーフと入れ換えることです（図24）。

普段あなたは自分の感情の状態を客観的に見つめていますか？　もし、あなたの中に「リソースフルでない感情」を持ったとしたら、それはリミティング・ビリーフや何かに対して力を奪う意味付けをしているという合図です。ネガティブな感情を特定したとき、自分のリミティング・ビリーフを取り除くために第4章で紹介したラピッドチェンジフォーミュラを即座に使うことができます。細心の注意を払わなければならないビリーフは3つあります。

キーポイント①　アイデンティティー

これは、あなたが自分自身をどのように見ているかであり、自分という人間に対するイメージです。それは「私は」と言うときに「私は先延ばしにする人間である」「私は規律を守る人間である」のように、自分

図24

自身に貼り付けたラベルなのです。

私たちのアイデンティティーは、ゴール達成する能力に多大な影響を及ぼします。したがって、自分を制限するアイデンティティーを破壊し、力を与えるアイデンティティーと入れ換えなければなりません。

キーポイント② 価値観

価値観は人生で最も重要なことに関するビリーフです。価値観を特定するためにできる質問は「人生で私にとって何が最も重要だろうか?」です。「家族」「自由」「安全」「成功」「幸福」などを挙げる人がいます。価値観とは私たちをゴールに向かって引き寄せるものです。人はゴールを達成するためにモチベーションを感じます。たとえば、その人は成功を感じること、または自由を達成することに価値を見出しているからです。

キーポイント③ ルール

ルールとは、価値観を満たすために起こる必要がある条件に関してのビリーフです。成功を重んじる人がいたとすると、その人が成功を感じるために何が起こる必要があるかという具体的な条件やゴール達成に取り組む方法に関してのルールを持っています。

ルールの中には力を与えてくれるものもありますが、ゴール達成を制限するものもあります。ですから、制限的なルールを特定するためにラピッドチェンジフォーミュラを使って変えることが重要なのです。

5つ目の規律
ウィークリープラン

次は、成功のメカニズムを含む2つの規律に進みます。成功のメカニズムは感情のコントロールよりもずっと簡単です。

第5章でお話ししたプロジェクトプランには、ウィークリープラン（図25）とデイリープラン（図26）を結びつける必要があります（図27）。締め切りに追われるような仕事だったらまだしも、自分の個人的な願望について立てたプランを最後までやり遂げられる人はなかなかいません。その主な理由は、プランと毎日の決めごとを結びつけていないからです。

キーポイント① プロジェクトプラン

ウィークリープランの最も重要なことは、プロジェクトプランと結びつけることです。主にプロジェクトプランによって今週すべきことが導

図25

規律5
ウィークリープラン
1. プロジェクトプラン
2. 週ごとのタイムライン
3. 優先順位をつける

図26

規律6
デイリープラン
1. 優先順位をつける
2. スケジュール
3. 成功を想像する

き出されます。第５章を参照してください。

キーポイント② 週ごとのタイムライン

プロジェクトを毎週見直して、「プロジェクトに基づいて今週私が達成する必要のある最も重要な結果は何だろう？」と問いかけます。それからその結果・行動を週ごとのタイムライン（月曜日から日曜日）に組み込むのです。

キーポイント③ 優先順位をつける。

１週間で達成できることは限られているので、その際重要なのは行動と結果の優先順位をつけることです。週の後半ではなく月曜日や火曜日といった週のはじめに最も重要な結果を持ってきます。

成功している人は必ずしもプラン通りにすべてをやり終えるとは限りませんが、最も重要なことは必ず最初にやり終えるのです。

図27　**成功のメカニズム**

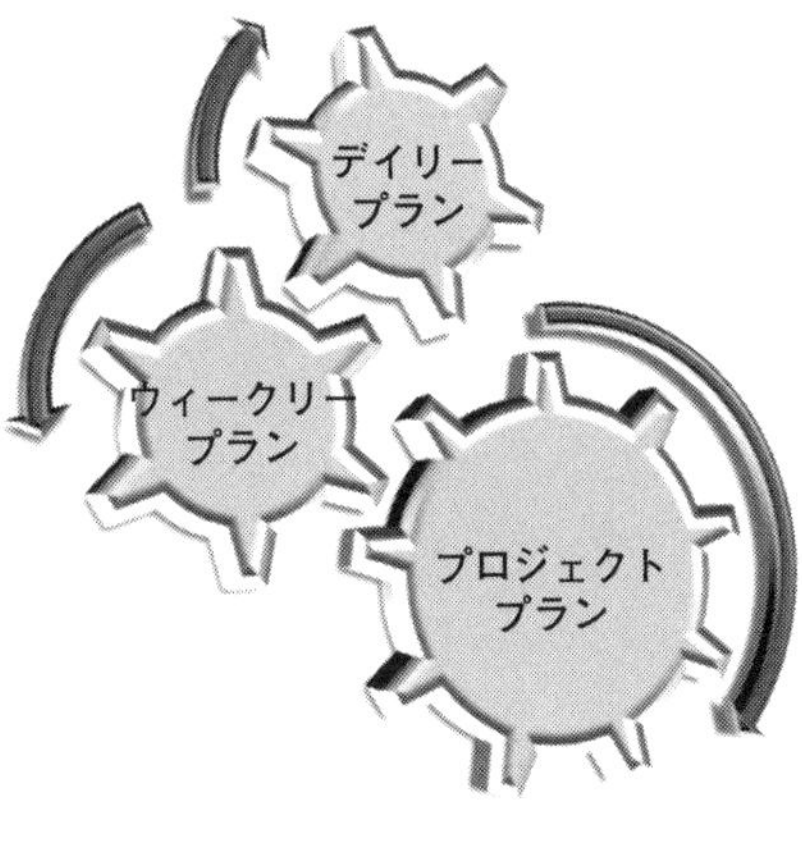

6つ目の規律
デイリープラン

キーポイント① 優先順位をつける

パレートの法則（80：20の法則）によると、行動の20％によって結果の80％がもたらされると言われています。時間とエネルギーの80％を本当に重要な仕事の20％に集中させることを思い出すためにパレートの原理を日々のリマインダーとすべきです。ただ「要領よく取り組む」のではなくて、要領よく「正しい」ことに取り組みましょう。達成すると決断しているゴールが何であれ、80：20の法則を適用するために自問する必要がある質問は、「結果の80％を生み出す20％の原因は何か？」です。

成功している人は、日々のタスクに優先順位をつける習慣を築き上げているのです。結果の80％を生み出すタスクの上位20％につねにフォーカスしているのです。1日の終わりに大事なことは、「最も重要なタスクをやり終えたか？」ということだけなのです。

キーポイント② スケジュール

私は単純にその日が期限であるプロジェクトプランのタスクを見直して、最も重要なタスクを順序と優先順位に従ってスケジュール化していきます。「ゴールに到達するために今日達成しなければならない最も重要なタスクは何か？」と問いかけながら、最後に重要性と緊急性に基づいて順番にスケジュールに入れます。

「このタスクにどれくらいの時間がかかるだろうか？」と問いかけて、グーグルカレンダー上にスケジュールを入れます。

キーポイント③ 成功を想像する

朝の習慣の１つはその日の成功を想像することです。グーグルカレンダーを開き、今日のプランと達成しなければならないすべてのタスクに目を通し、成功を想像するのです。

たとえば、今朝、朝の決めごとの最中に私は以下の１日のプランからのすべてのタスクを達成している自分自身を思い描いたのです。

「このタスク、欲しい結果を達成した今、何が見えるか？」と問いかけることで成功を想像し、成功を想像することによって、成功が収められる日にするために自分を奮い立たせるのです。

7つ目の規律
スキルの向上

ゴールを達成するためには、ある一連のスキルをマスターするか、専門知識を習得することが求められます（図28）。

たとえば、私がコーチングビジネスをはじめたときに直面した困難の1つが、ゴールに到達するために必要な見込み客を獲得することでした。そこで、私が自分に問いかけた質問は、「より多くの見込み客を獲得するために必要な最も重要なスキルは何か？」でした。

答えは、「インターネットマーケティング」だったので、コーチングビジネスで8桁の収入を得るというゴールを達成するまで、私はすべてのリソースをそのスキルのマスターにフォーカスさせました。

キーポイント① 適切な質問をする

ゴールが何であれ、すべき適切な質問は、「ゴール達成に必要な最も重要なスキルは何か？」なのです。ゴールを実現するまでに直面するどんな障害も、大抵はスキル不足か知識不足を表すサインなのです。

解決策は、最も重要なスキルをマスターすることだけに集中することです。それがマスターできれば、障害を打ち破りゴールに到達できるのです。

自分の現在の収入レベルについて考えてみてください。自分が稼ぐ収入を左右するものは何ですか？　もちろんそれはお金を稼ぐ能力ですよね。

それでは、お金を稼ぐ能力は何に左右されるのでしょうか？　答えは自分のスキルです。もしあなたよりも多く稼ぐ人がいるとすれば、より多くのお金を稼ぐことのできる関連したスキルを身につけている可能性があります。

私は数百万ドル規模のビジネスを築き上げました。それは、特定のスキルをいくつかマスターすることにフォーカスしたからです。たとえば、販売スキル、マーケティングスキル、コミュニケーションスキル、交渉スキル、コーチングスキル、パブリック・スピーキングスキル、経営マネージメントスキル、時間管理スキル、リーダーシップスキルなど、そのほかにも多くのスキルがあります。

キーポイント②　学んで適用する

マスターすべき最も重要なスキルが何であれ、大切なのは世界最高の人からそのスキルを学ぶことです。

図28

私は、ダイレクト・マーケティングでは世界一の専門家と考えられているジェイ・エイブラハムからマーケティングスキルを学びました。彼のすべての本、通信教育プログラムを買い、ゴールに到達できるまで何時間もこれらの教材を使って勉強しました。

行動が伴わない知識は役に立ちません。私がほかに習得したスキルは、NLPです。私はNLPのマスターになることにフォーカスし、単に新しいコミュニケーションパターンを学んだだけではなく、無意識に実践できるようになるまで練習しました。そして、NLPを実践しようと考えなくても無意識で活用できるレベルにまで到達しました。どんなスキルでもマスターする秘訣は反復することなのです。

キーポイント③ マスタリー

新しいスキルを習得する秘訣は、すべてのリソースを1つのスキルをマスターすることにフォーカスすることです。それに関するすべての本や通信教育プログラムを購入し、セミナーに参加して、マスターするまで毎日そのスキルの勉強を続けるのです。

スキルをマスターできたら、すぐに「ゴール達成に必要な最も重要なスキルは何か?」という適切な質問をして、自分の理想の人生が歩めるまでより多くのスキルをマスターしつづけるのです。

成功の7つの規律まとめ

以上のように、成功の7つの規律を実践することによって、すべての成功の基盤となる習慣を形成することが可能になります。これによってゴールに向けて大量行動を取ることができるのです。

新しい習慣を形成する秘訣は、日々パフォーマンスを測定する1つ目の規律の実践からはじまります。新しい習慣を形成するには、最大66日かかることを忘れないでください。大切なのは快楽を毎日の決めごとに結びつけ、規律の重要性に強い確信を持つことです。

リソースフルな感情を持つ状態にさせてくれる習慣を形成することが重要です。なぜなら、感情によって行動が引き起こされるからです。優れたフィジオロジーをつくる習慣、ポジティブな内的再表現を助ける習慣、成功をもたらすビリーフによって力を与える習慣の形成が、一貫した行動を引き起こす習慣的感情をつくる秘訣なのです。

ウィークリープランとデイリープランは、規律です。プロジェクトプランと日々のフォーカスを結びつける規律なのです。成功は毎日の過ごし方に左右されます。重要なのは、プロジェクトプランに結びつけられたゴールに関係のある重要性の高いタスクにフォーカスすることです。

ゴールを達成するかどうかは自分が身につけたスキルにかかっています。適切な質問をすることでマスターする必要のある最も重要なスキルを特定しましょう。そして、そのスキルをマスターすることにすべてのリソースを使うのです。その最も重要なスキルがマスターできたら、自分にとって最も重要なゴールに関係のある新しいスキルを一度に1つずつ習得していくことに集中しましょう。

Chapter 7

どんな障害にも打ち勝つ

努力が必ずしも
成功をもたらすとは限りません。
しかし、それは本当に
失敗なのでしょうか？

あなたの目標を妨げる唯一の障害は、あなた自身が
心の中に勝手につくった壁だけなのです。
——ブライアン・トレーシー

挫折をポジティブに捉え、教訓をフィードバックとして得る

私は以前、ビジネスパートナーに騙《だま》されて、740万円を盗まれた日本人男性をコーチングしました。この男性に会ったとき、彼は非常に傷つき、自身の金銭問題に深く落ち込んでいました。

セッション中に、「あなたを最も落ち込んだ気持ちにさせているものは何ですか？」と尋ねました。すると、どんなふうに740万円を失ったかという話をはじめたのです。そこで、私は「誰かに740万円を盗まれるということは、あなたにとってどういう意味がありますか？」と質問しました。

ここから以下のように会話が続きました。

「自分は馬鹿だと感じます」

「それ以外にどのような意味がありますか？」

「もうこれ以上人を信用できません」

明らかに男性はその出来事をとてもネガティブに解釈していました。そして結果的にそこから抜け出せず、行き詰まり、自分の将来に大きな不安を抱いていました。

したがって、私はその意味付けを変えなければなりませんでした。意味付けを変えることで、この出来事をポジティブに捉えることができるようになるだけでなく、人生の大きな教訓をフィードバックとして得ることもできます。そして、教訓を活用して資産家になることもできるのです。

挫折をしていたとしても、彼は今この瞬間に裕福さを感じ、自尊心を向上させる必要がありました。私が何年もの間いつも伝えているように、人は考えている通りの結果を生み出してしまうのです。

そこで、私はこの会話を男性のロールモデルの話題に誘導しました。

「お金持ちの人であなたが尊敬するロールモデルは誰ですか？」

「ドナルド・トランプです」

「もしドナルド・トランプがあなたと同じ状況にいたとしたら、彼はあなたとは違ってどのように対処したと思いますか？」

ドナルド・トランプは自著の中で、投資をする前に2つの質問をすると書いています。1つ目は「この投資をしたときの最悪のシナリオは何か？」、そして2つ目は「この最悪のシナリオに自分は対処できるだろうか？」です。

「あなたとドナルド・トランプの違いは何だと思いますか？」

「意思決定のプロセスと質問です」

「もし時間を戻してもう一度やり直せるなら、自分自身を守って裕福になるためにどのようにやり方を変えますか？」

「1つの投資に資金の10％以上は絶対に投資しない。それと、過去の実績など、投資をより深く学び、それが妥当な投資だというさらなる証拠を手に入れる。それから、ドナルド・トランプがした『最悪のシナリオは何か？　そしてそれに自分は対処できるだろうか？』という同じ質問をする」

「それは素晴らしい教訓ですね。学ぶのに740万円かかった教訓なので、将来の成功にぜひ役立てるようにしてください。今後の人生でこの教訓を使ったら、10年後の自分はどうなっていると思いますか？」

「億万長者になり、理想の人生を歩んでいる自分が想像できます！」

「それでは、740万円を失った出来事を考えたときに、今はどう感じますか？」

「ずっと気分がいいですし、これが将来の成功の助けとなる貴重な教訓だとわかります」

この失敗に対するビリーフを変えることによって、日本人男性は最終的に短期間で740万円を取り戻しました。そしてさらに、ある会社の代表取締役になり、大きな収入を得たのです。

現在、彼は借金を返済しただけでなく、収入を3倍に増やしました。そのうえ、彼は収入の50％をさらなる投資のために貯蓄しているので、将来は大変な資産家になることでしょう。

どうすればば成功したとわかるのでしょうか？

行動を起こすと、２つのシナリオが考えられます（図29）。要するに「成功」と「失敗」です。

あらゆる質問の基本中の基本からはじめましょう。

「あなたにとって成功とは何ですか？」

つまり、どうすれば成功したとわかるのでしょうか？　あなたにとっての成功の定義と基準を書きとめましょう。

成功とは、

図29

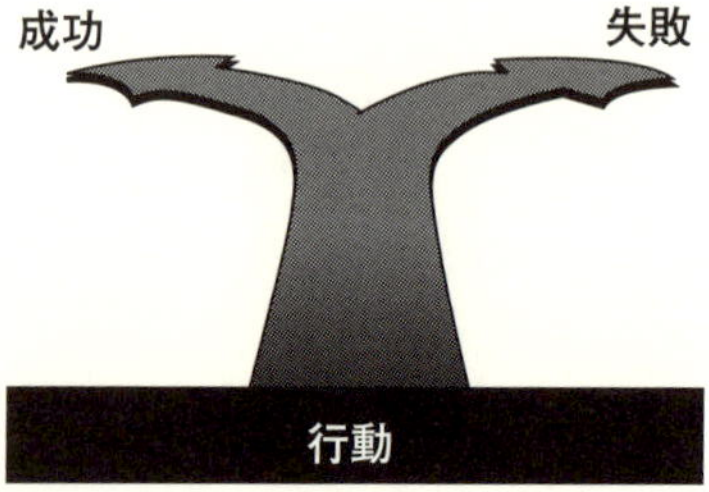

それでは、考えてみてください。

あなたの成功の定義は、毎日最高の状態になるように、そしてベストを尽くすように力を与えてくれますか？

もしたくさんの基準を持っていたとしたら、なかなか成功を感じることができません。最も一般的な成功の定義は、「期日までにゴール達成すること」です。この定義で成功を感じる唯一の方法は、予定通りに期日までにゴール達成することのみなのです。ただ、この定義ではあまりにも制限されてしまいます。

代わりに、私の成功の定義を参考までに紹介します。

◎ベストを尽くしたとき。
◎毎日の決めごと（習慣）を終えたとき。
◎フィードバックから何かを学んだとき。
◎ゴールに向かって進捗したとき。
◎感情をコントロールしたとき。
◎究極の成功法則を活用したとき。
◎リミティング・ビリーフを打ち破ったとき。

成功の秘訣は、ゴールが達成されるまで待つのではなく、今日成功を感じられる方法で成功を定義することです。私は自分の成功の基準のおかげで最終的にゴール達成につながる賢明な大量行動を起こすことができるのです。

結局のところ、期限までにゴールを達成することはそれほど重要ではありません。自分にとって最も重要なゴールに向かって絶えず進捗していることが極めて重要なのです。

成功は成功の上に築かれる

期限とはゴールをいつまでに達成するか自分で選んだ期日であることは事実です。しかし、それは大量行動プランを実行するのにどれだけの時間がかかるか、あくまでも憶測にすぎないのではないでしょうか?

期限は、最終的にプランのすべての行動を完了するのにどれだけの時間がかかるかを見積もり、慎重に考え抜いたプロジェクトプランを基に決めなければなりません。

たとえば、この本の執筆の期限を設定するときの私の思考プロセスは、次のようなものでした。

「私のゴールはこの本を2013年7月3日までに仕上げることだが、このゴールを達成するためにはプロジェクトプランを立て、1つの章を書くのにどれほどの時間がかかるかを見積もらなければならない。したがって、もしこの本が9章から成り、私が月に1つの章しか書けないのであれば、この本を書き上げるのに9カ月かかる」
「しかし、これは私の過去の執筆経験に基づいた推量であって、それぞれの本は異なるため必ずしも正確なものではない。この本の執筆プロセスは、途中でどんな問題に直面するかによって、さらに時間がかかるかもしれないし、それ以下の可能性もある」

先ほど期限はそれほど重要ではないとお話ししましたが、一方で私は期限というものの力を大いに信じています。もしゴール達成を決断しているのであれば、「いつか結果を達成する」と言うだけでは十分ではないからです。ゴールに制限時間を設定する目的は、人に行動を起こさせる内なるプレッシャーと緊急性を喚起させることです。緊急性と内なるプレッシャーなしでは、自分がなしえるはずだったことをかなり下回る行動に甘んじることになるのです。

もちろん、必ずしも期日までにゴールを達成できるとは限りません。私たちにはゴール達成のために無制限に時間が存在するわけではありません。ゴールの達成期日を延長することでお金がかかり、とくに収入が自分の仕事に左右される場合はなおさらです。収入が左右されるとは、すなわち、プロジェクトプランを終えるまで収入が入らない可能性があるということです。

ただし、期限を設けることによって成功感覚を狂わせてはいけないのです。

それは、成功は成功の上に築かれるからであり、このことについてはいくら強調しても強調しすぎることはありません。

人は成功を収めたときにさらなる能力と自信を感じます。自然と「ほかに何が達成できるだろう？」と自問します。すると、より大きな成功へと向かう上昇スパイラルに入ります。だから、「金持ちはさらに金持ちになり、貧乏人はさらに貧乏になる」と言われるのです。

一事成れば万事成る。これは人生のあらゆる面に当てはまることです。

なぜでしょう？　１つの達成によって自己概念が高まります。自分に対する見方が変わりはじめ、より自分に自信を感じるようになるのです。成功を収めた人は、単に「ゴールを達成した」と考えるのではなく、「私は成功者だ！」と考え、成功が自分の一部となるのです。

だから期限だけにこだわらず、一歩一歩進捗していることを実感できるような成功の定義を持つべきなのです。

必ずしも努力は成功をもたらさないが、それは本当に失敗なのか？

必ずしも努力が成功をもたらすとは限りません。しかし、それは本当に失敗なのでしょうか？

それに答えるためにはまず「あなたにとって失敗とは何か？」という質問からはじめなければなりません。

ゴール達成できなかったと判断する基準は何ですか？　次の欄に失敗の定義を記入してください。

失敗とは、

この失敗の定義は、あなたのゴール達成に力を与えますか？　もしかすると、あなたは失敗することへの恐れから抜け出せずにいる多くの人たちの中の１人かもしれません。

それでは、失敗することへの恐れを克服し、数百万ドル規模のビジネスを築いたある男性の話をしましょう。

起業への恐れをどのようにミシェルは克服したか？

2012年に私のクライアントの1人であった、東南アジアの語学学校であるウォールストリート・イングリッシュのビジネスオーナーであるミシェル・レ・クレックは、私のコーチングプログラムに参加し、ビジネスをはじめることへの恐れを克服する過程を見せてくれました。

億万長者の起業家になる前に、ミシェルは大学でMBAを取得してキャリアを築き、シティバンク、スタンダードチャータード銀行、DBS銀行の3つの大手銀行に10年以上勤めていました。

彼の年収は10万ドルをはるかに超え、加えて年間ボーナスがあったので、10年間で150万ドルを貯蓄したのです。

この数年間、ミシェルは自分でビジネスをはじめたいと考えていたのですが、失敗への恐れによって動けなくなっていました。「もし自分でビジネスをはじめて失敗したらどうしよう？　自分の家族にストレスを抱えさせてしまうのではないか？」と彼は考えたのです。したがって、素晴らしいビジネスアイデアがあったにもかかわらず、行動に移しませんでした。銀行の仕事とすでに貯蓄していた150万ドルをとにかく維持することに安心感を抱いていたのです。さらに、まわりの知人が、リスクを冒すよりも安全な場所にとどまるように勧めたのでした。

しかし、彼はあるセミナーに参加したとき、ほかの参加者に「起こりうる最悪の状況は何ですか？」と尋ねられました。彼は「全財産を失い、家族をつらい目に合わせるかもしれない」と答えました。

その会話の中で相手は、「もしやらなければ、最終的に何を犠牲にすることになりますか？」と質問を続けました。

ミシェルは、「自分が臆病者だと感じ、後悔するでしょう」と答えました。

すると、相手は「起こりうる最悪の状況は何ですか？」と続けたので、ミシェルはじっくりと考えてみました。

やや間を置いたあと、相手は「あなたは死ぬわけではありませんよね？」と言いました。

それでもなおミシェルは自分自身にとっての結果ではなく、ビジネスの失敗が家族にもたらす結果をとても心配していました。

「あなたがリスクを冒しても問題がないか、自分のビジネスアイデアを進めることについて家族に話したことがありますか？」

相手はさらに質問を続けました。ミシェルはそれまでに家族に相談したことがなかったので、話し合うことを決めました。

すると、驚くことに彼の家族はそのビジネスをやってみるように勧めたのです！

彼のビジネスは大成功を収め、想像以上の大金を稼ぐことになりました。そして今、テレビで見る有名人のようなライフスタイル、理想の人生を歩んでいるのです。それぞれの子どもの教育に100万ドルを費やし、世界トップクラスの学校に通わせています。何よりも家族はとても幸せで、ミシェルがビジネスを成功させたことに感謝をしています。

ある程度の不確実感を受け入れる

失敗することへの恐れはまったく悪い感情ではありません。なぜなら、すべての感情には目的があるからです。

私にとって、恐れとはこれから起ころうとしていることに対して準備をする必要があるというサインです。大抵の場合、恐れは「内部表現（頭の中での表現）」に基づいていて、現実とは一致しないものかもしれません。

実際、ミシェルの恐れは現実にはなりませんでした。彼の家族はリスクを知りながらも最終的に支えになってくれたのです。最悪のシナリオに対する彼の恐れは家族と話したとたんに少しずつ消えていきました。

ミシェルは話し合いのあとに、仮にもしものことがあったとしても、自分と家族はきっと対処できるとわかったのです。

もちろん、彼の恐れはすべて消滅してはいません。まだ恐れは存在したのですが、恐れがビジネスプランに求められる十分な準備をするためのモチベーションを高めました。

ミシェルは成功者たちをお手本にし、この本で説明している究極の成功法則を適用したのです。そして、自分が抱く恐れによって動けなくなるのではなく、恐れを使ってモチベーションを高めました。

人生で成功するためには、学ばなければならないある程度の不確実感（不確かさ）というものが存在します。心地よく受け入れることができる不確実感というものです。受け入れることができなければ、つねに安全が保障された仕事にとどまるか、ただ貯蓄を守ろうとするだけになってしまいます。

覚えておくべき重要な点は、ミシェルの夢はそもそも失敗することへの恐れを克服しなければ決して実現しなかったということです。自分でビジネスをはじめることに対する恐れを克服した結果、ミシェルは２０１２年にタイで最も有望な起業家へ与えられる賞を受賞しました。

失敗することがなかったとしたら、何を達成しようとしますか？

ここでみなさんに、人生で最も大きなゴールの１つについて考えていただきたいと思います。

それは自分が恐れてしまうほど大きなゴールです。少しの間「このゴールを達成しようとした場合に起こりうる最悪の状況とは何か?」と考えてみてください。

最悪のシナリオは何でしょう?

もしかすると、「失敗する可能性がある」と言う人がいるかもしれません。それはまさに、私のクライアントであり友人であるミシェルがビジネスをはじめる際に感じた恐怖です。ミシェルの話から学べる重要な教訓の1つは、「失敗することへの恐れを克服しなければならない」ということです。決して軽率にリスクを冒せと言っているわけではありません。

実際のところ、ミシェルはビジネスをはじめる前に何カ月もかけて慎重にビジネスプランを練りました。そして、考え抜かれたビジネスプランに基づき、計算済みのリスクを冒したのです。

つまりミシェルはあらゆる最悪のシナリオについて考え、自分の冒そうとしているリスクに対して抵抗を感じなくなるまで、それぞれのリスクを最小限に抑えるプランを立てたのです。

先述したドナルド・トランプも同じような発想を用いてお金持ちになりました。

不況で不動産市場が崩壊した時期に、人々は不動産購入を恐れていました。しかしドナルドは、今こそが格安の不動産を購入するチャンスであることを見抜きました。そして、いくつかの不動産を破格の値段で購入し、不動産市場が回復し不動産物件の価格も著しく上昇した際に資産家になったのです。

ではなぜドナルドはほかの誰もが恐れているときにリスクを冒すことができたのでしょう？

その答えは、彼が2つの重要な質問を自身に問いかけたからです。

最初の質問は、「最悪のシナリオは何だろう？」でした。

いかなるビジネスや財政投資を評価するうえで、多くの場合の最悪のシナリオとは投資した資本金の損失です。そのようなリスクを冒すことによって人の財政状態に大きな影響を及ぼす可能性があります。

ドナルド・トランプがした最も重要な2つ目の質問は、「その最悪の状況は、自分の手に負えるだろうか？」というものでした。ドナルドは最悪のシナリオについて考え、もし投資のマイナス面に対処できなければ実行しない。けれども、もしマイナス面が対処可能なものであれば、リスクを冒したのです。

つまり、もし起こった場合に対処できるリスクのみ冒すべきなのです。

あなたの成長は不確実さを快適に感じられるレベルにかかっている

「自分に十分な自信がない」という言葉を私は何度も耳にしてきました。しかし、それは間違った考えです。つねに確信を抱こうとすると、自分の快適領域から抜け出し、リスクを冒すという目的を台無しにしてしまいます。

成功者たちは必ずしもいつも自信があるわけではありません。ミシェルがリスクを冒すために自分の快適領域から抜け出したのと同じように、次の事実を進んで受け入れる必要があります。

ゴールに向かって進んでいるときに絶対の自信というものはなく、それほど自信がなくても前進する必要があるのです。

不確実な領域へ数歩踏み出せれば、最初に恐れていた問題の解決法を見出せるのです。そして、その問題を解決しはじめるにしたがって、自信がどんどん増していきます。

成功はどれだけの不確実さに抵抗なく対処できるかにかかっているのです。だからこそ、ゴールを設定するときには達成できる確実感が50％のゴールを探すべきなのです。そうでなければ、実際には快適領域を拡大していないことを意味します。

もし１００％達成できるという確信のあるゴールを設定すれば、ワクワクするようなゴールではない、もしくは最高の自分になれるようなゴールではない可能性が高いはずです。

人生というゲームの中でつねに安全、安心、自信を感じようとするのは間違いです。ベンチに座り、ゲームに参加するチャンスを待ちつづける自分に気づくでしょう。しかし、それでは一生チャンスは巡ってきません。そのうえ、十分なやりがいがなく、退屈してしまうでしょう。

失敗しない唯一の方法は、行動すること、やめないこと

よく人は言います。「失敗しない唯一の方法は行動しないこと、やめてしまうこと」だと。しかし、私は賛成しかねます。

「失敗しない唯一の方法は、行動すること、やめないこと」だと思うからです。

すでに述べたように、もし今、絶対にやめないと決めたのなら絶対に失敗しません。何が何でもゴールを達成すると心に決めること、その決断こそが最終的にゴール達成を確実なものにするのです。

ゴールを設定したら、ドアをロックしてカギを捨てましょう。

心からゴールに全力を尽くそうと決めたとたんに、すでに達成したかのように感じはじめます。自分が成功者と思いはじめるのです。心の底から本気でゴールを手にする確信があるので、すでに達成したものとして想像できます。

もちろん、一時的な決断であってはなりません。真の決断とは、ゴール達成までに直面するどんな障害も克服すると決心することだと理解しましょう。

障害とは、効果のないプラン、スキル不足、そのほかのゴールの達成を阻止するものすべてです。真の決断とは、直面しているあらゆる問題を取り上げ、その問題を質問に変え、障害を打ち破ることができる最善の答えを探し求めることです。実際には多くの場合、質問に対する答えがさらに答える必要のある質問につながるのですが、決断し、進んで意欲的にやろうとしているのであれば、それもまたクリアできるはずです。

しかし、人が本当にそのような決意をし、それを守りつづけるためには必須条件があります。

最大の必須条件は勝利への意欲

ゴール達成への旅に踏み出す前になすべき最も重要な決断の1つは、「何が何でも成功する」と自分に言い聞かせることです。ゴールを達成するために何が何でもやる、たとえ不可能に思えてもやり通すという気概が必要です。

もし本気で決断しているのであれば、効果的な戦略が見つかるまで取り組み方を変えつづけるはずです。

もしかすると、「成功するために何が何でもやるという固い決意はどこで手に入るのだろう？」と疑問に思っている人がいるかもしれません。その答えは、並外れた人生へのビジョンによってもたらされるのです。

困難な状況にいる人に対して、今自分がどこにいるかではなく、どの方向に向かっているかが最も重要なのだと私は伝えてきました。現時点でどんなに困難な状況にあっても、財政的問題、感情的問題、健康問題、人間関係の問題、またはそれ以外の何であっても関係ありません。人生でどこに向かっているのか、その方向性が重要なのです。

人生最大のあらゆる問題の解決法は、ワクワクさせる人生のビジョンを生み出すことです。そうした瞬間にネガティブな感情からワクワクする感情に変わり、将来についてワクワクした状態で勝利への意欲を見出すことができるのです。

ゴールはいつも成功であるべき

大きなゴールを達成する以上に自信を与えてくれるものはありません。自信とは人間の優秀さを高める燃料、原動力のようなものです。人は自分が行けると信じる範囲にしか進まないのです。もし過去に失敗を経験したことがあるのであれば、絶対に自己概念を変えなければなりません。

それにはまず自尊心を高める必要があります。そうすることで自分がすでに成功者であると思えるのです。つまり、頭の中で成功を収め、成功者のように歩き、勝者のように話し、成功のために正装することで、外界での成功が反映されはじめるのです。

しかし、それは簡単なことではありません。もし過去に何度も失敗していたらどうなるでしょう？　もし何度も失敗にぶち当たったとしたらどうなるでしょう？

もちろんこういったことが起こる可能性はありますよね？　もし何度もゴールを設定して、最善の努力をしたにもかかわらず、何度も繰り返してただ失敗をしつづけたとしたらどうしますか？　多くの失敗を経験した人は「なぜわざわざ試す必要があるのか？」と思いはじめるかもしれません。

このような人たちは、問題が永遠に続くと信じ、無力感を覚え、問題から逃れる道はないと考えはじめることになります。

成功によって自信がもたらされる一方で、失敗は恐れをもたらします。成功は自尊心につながり、一方で失敗は劣等感につながるのです。何度も失敗してきた人に出会って、「あなたにとって失敗とはどういう意味がありましたか?」と尋ねると、大抵の場合は決まって自分の持っているすべてのリミティング・ビリーフについて語り出します。

私は自分がやるべきことがわかっています。彼らのリミティング・ビリーフを変えることです。しかし、それ以上に重要なことは、最初に失敗に対してここまで述べてきた新しい考え方を伝えなければなりません。自分の持つ失敗に関するビリーフが、ほかのどんなビリーフよりも人生の成功を左右するのです。

どんなゴールにも究極の成功法則を適用できる

最後までお読みいただきありがとうございました。いかがだったでしょうか?

ゴールが何であれ、本書の法則を使うことができます。感情のコントロール方法をマスターする、ダイエットをする、理想のパートナーを探す、大好きなことをする、経済的自由を手に入れる、もしくはスピリチュアルな悟りでさえも可能なのです。人生の質を高めるためにこの法則を使い、理想の人生を歩むことができます。

この究極の成功法則に刺激を受け、あなたの考えが大きくなり、過去にあなたを阻止した障害を打ち破れることを願っています。

そして、この本を人生の成功に役立つゴール達成マニュアルとして使っていただけることを願っています。

最後に、私が人生において最高の喜びを感じるのは、究極の成功法則を使ってゴールを達成した人たちからの手紙を受け取ることです。ぜひ、みなさんも究極の成功法則によってどのように人生が好転したかをお知らせください。あなたのサクセスストーリーを送っていただき、成功をシェアしていただけるとうれしいです。

みなさんに最後の言葉を述べるときが来ましたが、以下のメッセージを送りたいと思います。

人生は創造主からの贈り物であり、私たちは充実した人生を送る責任があるのです。

私はいつかみなさんとお会いして握手をし、お話を聞かせていただけることを願っています。そのときまで、みなさんの幸運と人生でのご活躍、ご多幸をお祈りしております。

神の祝福がありますように。

[著者プロフィール]

マイケル・ボルダック　Michael Bolduc

1973年、カナダ生まれ。7歳のときに、父親が母親を殺害するという衝撃的な事件を体験。そのショックから重度の吃音症と極度の対人恐怖症となる。16歳のときには養父母の家からも追い出されて高校を中退、カネやコネはおろか、家族のサポートすら受けられないなど、絶望的な少年期を過ごす。しかし、たまたま友人に誘われて参加したセミナーをきっかけに自己変革に目覚め、吃音症を克服。その後、目標達成コーチとしてキャリアを積み、世界的ビジネスコンサルティングの権威ブライアン・トレーシーから「世界No.1」と称されるまでになる。現在は南国のビーチで愛する家族とともに過ごしながら、個人コーチングやセミナー、執筆活動を通して世界中のクライアントに成功と幸せを届けている。著書に『目標達成する技術』『人を動かす技術』（いずれもフォレスト出版）など。

[訳者プロフィール]
吉田裕澄（よしだひろずみ）
マイケル・ボルダックジャパン株式会社代表取締役。2007年よりマイケル・ボルダックの通訳を務め、日本におけるビジネスパートナーとしてコンテンツ作成、セミナー運営に携わり、日本人にマイケル・ボルダックの成功法則をわかりやすく伝えている。

[監訳者プロフィール]
高野内謙伍（たかのうちけんご）
2007年よりマイケル・ボルダックに師事。日本におけるセミナー運営チームのリーダーを任される。現在、日本人で3人しかいないマイケル・ボルダックが認めたマスターコーチの1人。

マイケル・ボルダックジャパン株式会社 HP
www.michaelbolduc.jp

達成の科学

2015年1月25日　初版発行
2025年6月14日　6刷発行

著　者　マイケル・ボルダック
訳　者　吉田裕澄
監訳者　高野内謙伍
発行者　太田　宏
発行所　フォレスト出版株式会社
〒162-0824　東京都新宿区揚場町2-18　白宝ビル7F
電話　03-5229-5750（営業）
03-5229-5757（編集）
URL　http://www.forestpub.co.jp
印刷・製本　中央精版印刷株式会社

ISBN978-4-89451-650-2　Printed in Japan